JN033032

簡

おいしい
味つけ

1:1:1の
便利帖

堀江ひろ子
ほりえさわこ

ⓘ 池田書店

料理の味が決まらないとき、
調味料をあれこれ入れてみたり、
ちょっとだけ足すのをくり返したり、
そんなふうにしてはいませんか?

味が決まらないという悩みは、案外簡単に解決します。
なぜなら、普段食べている料理の味つけって、

「1:1:1」や「1:1」の割合で
あることが多いから。

つまり、

この単純明快な割合で、
いろんな料理が作れてしまう

ということ。

たとえば、この本で紹介しているこれらの料理。
すべて同じ味つけで作れてしまうのです!

「同じ味つけだと飽きない?」なんていう心配はいりません。

使う食材が違うと、不思議なことに、
まったく違う料理に感じますから。

これ、本当ですよ。

味つけを割合で覚えておくと、

材料の量が変わっても、
調味料を割合通りに増減すれば、
味のバランスがくずれないのがいいところ。

しかも、この本は、すべて同量の「1」だから、覚えやすい!

「いち、いち、いち」とつぶやきながら、どうぞお作ください。

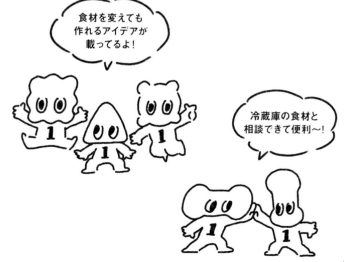

食材を変えても
作れるアイデアが
載ってるよ!

冷蔵庫の食材と
相談できて便利〜!

CONTENTS

CHAPTER 1 | **1:1:1** で作れるおかず

CHAPTER 2 | 1:1で作れるおかず

この本の使い方

●小さじ1＝5㎖、大さじ1＝15㎖、1合＝180㎖、
1カップ＝200㎖です。
●電子レンジの加熱時間は600Wの場合の目安です。500Wなら1.2倍を目安に加熱してください。ただし、機種によって違いがあるので、様子を見ながら調節してください。
●調味料はとくに表記がない場合は、しょうゆは濃口しょうゆ、砂糖は上白糖、みりんは本みりん、酒は清酒を使っています。みそは普段使っているものでかまいません。しょうゆは一部で薄口しょうゆを使っていますが、濃口しょうゆよりも塩分が少し高いので、好みで味の調整をしてください。
●落とし蓋はアルミ箔（鍋の直径に合わせて円形にし、真ん中に穴をあけたもの）やペーパータオルで代用してもかまいません。
●この本に出てくるマークの意味は、以下の通りです。
😊＝ひろ子さんからのアドバイスです。
😄＝さわこさんからのアドバイスです。
➡＝食材を変えても作れるときのマークです。
→以下に代替食材を紹介しています。
➕＝足してもよい食材があるときのマークです。食材を加えることで味が薄くなる場合もあるので、味をみてから、適宜、調味料を割合通りに増やしましょう。
🔄＝アレンジ料理のアイデアを紹介するときのマークです。

1:1:1

で
作れるおかず

和食の基本となる味つけ

しょうゆ　　　　砂糖　　　　酒

1 : 1 : 1

● 甘さとしょっぱさのバランスがよい味です。

● 和風の味が作りたいときは、この割合でたいていOK。

● 煮もの、煮つけ、含め煮、炒め煮、佃煮風など
万能に使えます。

● 砂糖を使うとコクが出ますが、
甘さの強弱は好みなので、あっさりが好みなら、
砂糖をみりんに変えてもいいでしょう。

肉じゃが

家庭料理の
ド定番は1:1:1で
作れます

材料(2人分)

豚切り落とし肉 ‥‥ 100g
じゃがいも ‥‥‥‥‥ 2個
にんじん ‥‥‥‥‥‥ ½本
玉ねぎ ‥‥‥‥‥‥‥ ½個
しょうが ‥‥‥‥‥‥ 1片
サラダ油 ‥‥‥ 大さじ½
だし汁 ‥‥‥‥‥ ¾カップ
しょうゆ ‥‥ 大さじ1 ⎤ 1
砂糖 ‥‥‥‥ 大さじ1 ⎬ 1
酒 ‥‥‥‥‥ 大さじ1 ⎦ 1

下準備

●豚肉はひと口大に切る。
●じゃがいもはひと口大に切り、水にさらす。
●にんじんは少し小さめの乱切りにする。
●玉ねぎはくし形切りにする。
●しょうがは薄切りにする。

作り方

1 鍋に油としょうがを入れて中火にかけ、香りが出たら豚肉を加えて炒める。肉の色が変わったらじゃがいも、にんじんを加え、油が回るまで炒める。

2 玉ねぎとだし汁を加えて煮立て、酒、砂糖、しょうゆの順に加える。落とし蓋と鍋の蓋をかぶせ、じゃがいもがやわらかくなるまで煮る。

食材変え 豚切り落とし肉 ➡ 牛切り落とし肉／鶏もも肉／ひき肉 p25にも

しょうゆ ‥ 砂糖 ‥ 酒

かれいの煮つけ

> 魚の煮つけは
> この甘辛い味が
> よく合います

材料(2人分)

かれい (切り身)	2切れ
しょうが	1片
春菊	½束
水	½カップ
しょうゆ	**大さじ1½**
砂糖	**大さじ1½**
酒	**大さじ1½**
しょうが (飾り用)	少々

下準備

● かれいは黒い皮に切り目を入れる。
● しょうがは皮ごと薄切りにする。
● 春菊は4cm長さに切る。
● 飾り用のしょうがはごく細いせん切りにして水にさらす(針しょうが)。

作り方

1 フライパンに材料の水、しょうゆ、砂糖、酒、しょうがを入れて中火にかけ、煮立ったらかれいを加え、煮汁をかけながら表面に火が通るまで煮る。落とし蓋をして煮汁が⅓量になるまで10分ほど煮る。煮上がりの1〜2分前に春菊を加え、さっと火を通す。

2 器に盛って、針しょうがをのせる。

食材変え かれい → あじ／いわし／切り身魚 (かじき、ぶりなど) p25にも

しょうゆ・・砂糖・・酒

肉豆腐

> 味つけを
> 2回に分けると
> 肉も野菜もおいしい

材料(2人分)

牛切り落とし肉 ················· 150g
木綿豆腐 ····················· 1丁(300g)
生しいたけ ······················ 8枚
細ねぎ ·························· 1束
だし汁 ························· 1/4カップ
しょうゆ ············· **大さじ1 1/2** ┐1
砂糖 ················ **大さじ1 1/2** ├1
酒 ·················· **大さじ1 1/2** ┘1

下準備

● 牛肉はひと口大に切る。
● 豆腐はひと口大に切る。
● しいたけは軸を切る。
● 細ねぎは4cm長さに切る。

作り方

1. 鍋にだし汁を入れて、しょうゆ、砂糖、酒各大さじ1を加え、強火で煮立てる。牛肉を加えてほぐし、さっと煮て取り出す。

2. ①にしょうゆ、砂糖、酒各大さじ1/2を足し、豆腐を加えて中火で2〜3分煮る。しいたけを加え、火が通ったら細ねぎを加え、牛肉も戻し入れてさっと煮る。

😊 肉とそれ以外を分けて煮ると肉はやわらか、豆腐や野菜には肉のうまみが移ります。

食材変え 牛切り落とし肉 ➡ 豚切り落とし肉　木綿豆腐 ➡ 焼き豆腐　p25にも

11

さば缶とねぎの煮もの

材料(2人分)

さば水煮缶	1缶
長ねぎ	1本
ピーマン	2個
しょうが	1片
だし汁	大さじ2
しょうゆ	**大さじ½** ⎱1
砂糖	**大さじ½** ⎰1
酒	**大さじ½** ⎰1

下準備

● 長ねぎは1cm幅の斜め切りにする。
● ピーマンは四つ割りにし、それぞれを斜め半分に切る。
● しょうがはせん切りにする。

作り方

1 小さめのフライパンに長ねぎ、ピーマン、だし汁、しょうゆ、砂糖、酒を入れる。さばを大きくくずして缶汁ごと加え、しょうがを散らす。

2 蓋をして、中火で5〜6分煮る。

> 魚の缶詰は味がついているから調味料は控えめに

食材変え さば水煮缶 → 鮭水煮缶　p25にも

袋煮

油揚げの中に詰める
ものは何でもOK!

材料(2人分)

油揚げ	2枚
卵	4個
小松菜	¼束
だし汁	1カップ
しょうゆ	**大さじ1** ⎱ 1
砂糖	**大さじ1** ⎬ 1
酒	**大さじ1** ⎰ 1

下準備

● 油揚げは半分に切って袋状に開き、小さな容器に切り口を上にして立てて置く。

● 小松菜は3cm長さに切る。

作り方

1 油揚げの口を開いて卵をそっと割り入れ、楊枝でぬうように留める。

2 小鍋にだし汁、しょうゆ、砂糖、酒を入れて火にかけ、煮立ったら油揚げの口を上にして立てるように並べる。空いているところに小松菜を加え、落とし蓋をして中火で5分ほど煮る。

食材変え 卵 ➡ 牛・豚こま切れ肉&しらたき/もち&チーズ p25にも

13

しょうゆ ‥ 砂糖 ‥ 酒

しょうゆの色を
抑えたければ同量の
薄口しょうゆに

大根のそぼろ煮

材料(2人分)

豚ひき肉 ……………………………… 80g
大根 ……………………… 10cm(300g)
にんじん …………………………… ⅔本
しょうが …………………………… 1片
しょうゆ ……………… **大さじ1** ┐ 1
砂糖 ……………………… **大さじ1** ┊ 1
酒 ………………………… **大さじ1** ┘ 1
だし汁 ……………………… ¾〜1カップ
片栗粉 ……………………………… 小さじ1
水 …………………………………… 大さじ1

下準備

● 大根は1.5cm角に切る。
● にんじんは1cm角に切る。
● しょうがはみじん切りにする。

作り方

1. 鍋にひき肉、しょうが、しょうゆ、砂糖、酒を入れ、菜箸でよく混ぜてから中火にかける。肉がパラパラになったら大根、にんじんを加えてひと混ぜし、だし汁を加え、落とし蓋をして煮る。

2. 煮立ったら弱めの中火にし、野菜がやわらかくなるまで15〜20分煮る。片栗粉を材料の水で溶いて加え、とろみをつける。

食材変え 豚ひき肉 ➡ ほたて水煮缶 大根 ➡ かぶ／冬瓜

しょうゆ‥砂糖‥酒

なすの煮もの

野菜だけのしみじみ
おかずもこの割合です

材料(2人分)

なす	3個
煮干し	5〜6尾
だし昆布	5cm
水	1½カップ
サラダ油	小さじ2
しょうゆ	**大さじ1** ⎫1
砂糖	**大さじ1** ⎬1
酒	**大さじ1** ⎭1

下準備

● なすは縦半分に切り、皮に斜めの
　細かい切り目を入れながら半分に
　切る。
● 煮干しは頭と内臓を取り除く。

作り方

1 鍋に材料の水、煮干し、昆布
を入れて火にかけ、煮立った
らふつふつ沸く程度に火を弱
め、20分ほど煮る。

2 昆布を取り出し、2〜3cm四
方に切って鍋に戻す。

3 なすに油をまぶして**2**に加え、
しょうゆ、砂糖、酒も加え、
落とし蓋をして弱めの中火で
15分ほど煮る。

😊 なすと油は好相性。油をまぶし
てコクをプラスします。

食材プラス ➕ さやいんげん／ピーマン

いんげんの直煮

> 下ゆでせずに直接
> 煮るのが直煮です

材料(2人分)

さやいんげん	150g
油揚げ	1枚
だし汁	¾カップ
しょうゆ	**小さじ2** ⌉ 1
砂糖	**小さじ2** ┤ 1
酒	**小さじ2** ⌋ 1

下準備

● さやいんげんは3〜4cm長さ
　に切る。
● 油揚げは1cm幅の短冊切りに
　する。

作り方

鍋にだし汁、しょうゆ、砂糖、
酒を入れ、さやいんげんと油揚
げを加え、落とし蓋をして中火
で10分ほど煮る。

食材プラス ➕ にんじん／なす p25にも

しょうゆ ‥ 砂糖 ‥ 酒 ＋ 練りごま

なすのごま煮

1：1：1に
練りごまを足して
味を変えましょう

材料（2人分）

なす ······························· 小4個
オクラ ································ 2本
揚げ油 ······························ 適量
だし汁 ······················· 1カップ
薄口しょうゆ ······ **大さじ1** ⎱ 1
砂糖 ·························· **大さじ1** ⎰ 1
酒 ······························· **大さじ1** ⎰ 1
練りごま（白） ············ 大さじ1
片栗粉 ······················· 小さじ½

下準備

● なすはガクを取り、ピーラー
　で皮をむく。
● オクラはガクをむく。

作り方

❶ 揚げ油を180℃に熱し、なすを
　しんなりするまで3分ほど揚げ、
　ペーパータオルで包んで油をきる。

❷ 小さめのフライパンにだし汁、薄
　口しょうゆ、砂糖、酒、なすを入
　れ、中火で10分煮る。途中でオ
　クラを加え、1〜2分煮て取り出し、
　斜め半分に切る。

❸ 練りごまに片栗粉を加え、❷の煮
　汁を少しずつ加えて溶きのばして
　から❷に加え、2〜3分煮る。器
　に盛り、オクラを添える。

むいたなすの皮は四方に切って油をまぶし、しょうゆ1：みりん1で煮て、仕上げに
削り節をたっぷり加え、佃煮風の一品に。我が家ではこれが大人気です。

親子丼

いろんな
卵とじ丼に使える
味つけです

材料(2人分)

鶏むね肉 ……… 小½枚
│塩 …………… ひとつまみ
│酒 …………… 小さじ2
長ねぎ …………………… 1本
卵 ……………………… 3個
│片栗粉、水 … 各大さじ1
三つ葉 ………………… 少々
だし汁 …………… ½カップ
薄口しょうゆ
　………… **大さじ1½** ┐
砂糖 ……… **大さじ1½** ├ 1
酒 ………… **大さじ1½** ┘
ごはん ………… 300〜400g
焼きのり(全形) ……… ½枚
紅しょうが(好みで)

下準備

● 鶏肉は縦半分に切ってそぎ切りにし、塩と酒をもみ込む。
● 長ねぎは1cm幅に切る。
● ボウルに片栗粉と材料の水を混ぜ、卵を割り入れて溶きほぐす。
● 三つ葉はざく切りにする。

作り方

1 小さめのフライパンにだし汁、長ねぎ、薄口しょうゆ、砂糖、酒を入れて中火にかける。煮立ったら鶏肉を加えてひと混ぜし、弱めの中火にして蓋をし、1分半〜2分加熱する。

2 卵液を流し入れて軽く混ぜ、三つ葉をのせ、蓋をして10〜20秒加熱する。

3 丼にごはんを盛り、のりを小さくちぎってのせる。2を盛り、紅しょうがを添える。

食材変え 鶏むね肉 ➡ 鶏もも肉／ツナ缶／豚薄切り肉／ほたて／かじき／鮭

しょうゆ ‥ 砂糖 ‥ 酒

具を1:1:1の
煮汁で煮ましょう

五目ちらしずし

材料(4人分)

米	2合(360㎖)
合わせ酢	
酢、砂糖	各大さじ3
塩	小さじ1
油揚げ	1枚
ごぼう	60g
干ししいたけ	3枚
にんじん	5㎝
だし汁	干ししいたけの戻し汁を含めて1/2カップ
しょうゆ	**大さじ1**
砂糖	**大さじ1**
酒	**大さじ1**
卵	2個
砂糖、マヨネーズ	各小さじ2
塩	ひとつまみ
いりごま(白)	大さじ2

下準備

- 米は洗ってざるに上げる。
- 合わせ酢の材料を混ぜる。
- 油揚げは細めの短冊切りにする。
- ごぼうはささがきにする。
- 干ししいたけは水で戻し、細切りにする。
- にんじんは細切りにする。

作り方

1. 炊飯器の内釜に米を入れ、2合の目盛りの線まで水を加え、そこから大さじ3の水を取り除いて炊く。

2. 鍋に油揚げ、ごぼう、しいたけ、だし汁、しょうゆ、砂糖、酒を入れ、落とし蓋をして弱めの中火で15分ほど煮る。煮汁が少なくなったら、にんじんをのせて鍋の蓋をし、2〜3分蒸し煮にする。
   - にんじんは最後に上にのせるだけで混ぜません。こうすると、色がきれいに煮上がります。

3. 耐熱容器に卵を割り入れ、砂糖、マヨネーズ、塩を加えて溶きほぐす。ラップをかぶせずに電子レンジで2分加熱し、泡立て器で細かくつぶしていり卵を作る。

4. 炊きたてのごはんに合わせ酢を回し入れ、しゃもじで切るように混ぜる。❷の汁けをきって加え、混ぜる。いり卵の半量を加え、ごまは手でひねりつぶして加え、混ぜ合わせる。

5. 器に盛り、残りのいり卵を飾る。

食材変え&プラス 油揚げ → 鶏もも肉 ＋ もみのり／木の芽／みかんの皮のせん切り

p25にも

ひじき煮

昔ながらの常備菜は
この割合と覚えましょう

材料（作りやすい分量）

ひじき（乾燥）	1袋（40g）
豚薄切り肉	100g
にんじん	3cm
サラダ油	大さじ1
だし汁	1カップ
しょうゆ	**大さじ2** 1
砂糖	**大さじ2** 1
酒	**大さじ2** 1

下準備

● ひじきは水に20〜30分つけて戻す。
● 豚肉は細切りにする。
● にんじんは細切りにする。

作り方

1 鍋に油、豚肉を入れてひと混ぜしてから中火にかけ、肉の色が変わるまで炒める。ひじきを加えてさっと炒め、だし汁、しょうゆ、砂糖、酒を加える。落とし蓋をし、汁けがほとんどなくなるまで弱火で煮る。

2 にんじんをのせて鍋の蓋をし、2〜3分蒸し煮にする。
😊 小分けにして冷凍保存用袋に入れ、冷凍可能なので、どうせなら1袋煮てしまいましょう。

食材プラス ➕ 蒸し大豆／ミックスビーンズ／さつま揚げ p25にも

こんにゃくの炒め煮

材料(2人分)

こんにゃく	1枚
ごま油	大さじ½
しょうゆ	**大さじ1** ⎤ 1
砂糖	**大さじ1** ⎟ :
酒	**大さじ1** ⎦ 1
だし汁	½カップ
七味唐辛子	適量

下準備

● こんにゃくは両面に斜め格子状に切り目を入れてひと口大に切り、ゆでてアク抜きする。

作り方

1　フライパンにごま油を熱し、こんにゃくの切り目を入れた面を中火でゆっくり焼く。

2　しょうゆ、砂糖、酒、だし汁を加え、汁けがなくなるまで炒め煮にする。器に盛り、七味唐辛子をふる。

> 汁けを飛ばす
> 調理法で味を
> しみ込ませます

食材変え　ごま油 → サラダ油　七味唐辛子 → ごま／粉山椒／削り節

23

しょうゆ

砂糖

酒

濃いめの味で
保存がきくおかずも
作れます

のりときのこの佃煮

材料(作りやすい分量)

焼きのり(全形) ……………… 2枚
きのこ(しめじやまいたけなど
　好みのもの) ……………… 2パック
しょうゆ ……………… **大さじ2** ⌉ 1
砂糖 ……………… **大さじ2** ⎰ 1
酒 ……………… **大さじ2** ⌋ 1
水 ……………… 大さじ2
ごま油 ……………… 大さじ1

下準備

● 耐熱容器にのりを小さくちぎり入れ、
しょうゆ、砂糖、酒、材料の水を加
えてふやかす。

● きのこは石づきを取って食べやすく
ほぐすなどの下処理をする。

作り方

1 のりはラップをかぶせずに電子レン
ジで1分半加熱する。泡立て器
でつぶし、のりの佃煮を作る。

2 のりの佃煮にきのこ、ごま油を加
えて混ぜ、ラップをかぶせて電子
レンジで6〜7分加熱する。

24　湿気たのりの活用法としておすすめです。のりの風味が落ちていたら、
しょうがの汁やすりおろしを加えるといいですよ。

しょうゆ **1**：砂糖 **1**：酒 **1** おかずの

食材変え・プラス・アレンジのアイデア

変える **➡** プラスする **➕**
アレンジする **↻**

		変える ➡ プラスする ➕ アレンジする ↻	アドバイス
p9	肉じゃが	➡ じゃがいも→さといも／長いも 玉ねぎ→長ねぎ ➕ カレー粉／最後にバター ↻ パンにはさむ	😊 長いもは煮る時間が短いとさくさく、長いとほっくりしますよ。
p10	かれいの煮つけ	➡ 春菊→細ねぎ／長ねぎ／きのこ／ししとう ➕ にんにく&しょうが	😊 にんにくとしょうがを足すと、韓国風の味になります。
p11	肉豆腐	➡ 細ねぎ→長ねぎ／春菊 生しいたけ→まいたけ／しめじ／えのきたけ ➕ しらたき ↻ ごはんにのせて牛丼	😊 牛丼にするなら、牛肉&豆腐&玉ねぎの組み合わせがおすすめです。
p12	さば缶とねぎの煮もの	➡ 長ねぎ&ピーマン→きのこ／なす／ズッキーニ／玉ねぎ ➕ 豆腐／厚揚げ	😊 さばに火が通っているので、いっしょに煮るものは、早く火が通るものがいいですよ。
p13	袋煮	➡ 卵→もち&キムチ／ツナ&長ねぎ 小松菜→わかめ／細ねぎ／春菊／きのこ	
p17	いんげんの直煮	➡ 油揚げ→鶏もも肉／豚薄切り肉 ➕ ちくわ／さつま揚げ／玉ねぎ	😊 肉や野菜を足すときは、調味料も割合通りに少し増やします。必ず味見をしてから調整してください。
p20	五目ちらしずし	➕ きゅうり	😊 きゅうりは小口切りにして塩をふり、しんなりしたら、酢1：砂糖1の甘酢であえます。汁けを絞り、いり卵と同じタイミングで加えましょう。
p22	ひじき煮	➡ 豚薄切り肉→油揚げ ↻ ごはんに混ぜる／すしめしに混ぜる／卵焼きに加える／いり豆腐の具にする／バターロールにはさむ	😊 ごはんに混ぜるときは、塩少々で味をととのえましょう。バターロールにはさむときは、ゆで卵の輪切りもいっしょにどうぞ。我が家の定番アレンジです。

濃いめの甘辛味はこの割合

しょうゆ　　　　砂糖　　　　みりん

1 : **1** : **1**

- 甘さとしょっぱさのメリハリがきいた、
  いわゆる甘辛味です。

- 砂糖とみりんの両方を使うので、p8の割合より甘めです。

- みりんの効果で、魚の身が締まらずふっくら仕上がります。

- みりんが入るので照りが出ます。
  ツヤツヤに仕上げたいときに。

- 昔ながらのこってり甘辛味を作りたいときに。

しょうゆ ‥ 砂糖 ‥ みりん

ぶりの照り焼き

人気の照り焼きだれは
甘みのあるこの割合で

材料(2人分)

ぶり(切り身) ……………………… 2切れ
| しょうゆ ………………… 大さじ½
| しょうが汁 …………………… 少々
片栗粉 ……………………… 大さじ1
サラダ油 …………………… 大さじ½
A | しょうゆ ………… **大さじ1** ⌉1
  | 砂糖 …………… **大さじ1** ⏐1
  | みりん ………… **大さじ1** ⌋1
青じそ (好みで)

下準備

● ぶりはしょうゆ、しょうが汁をか
  け、10分おく。
● Aは混ぜ合わせる。

作り方

① ぶりの汁けをペーパータオル
   でふき、片栗粉をまぶして余
   分をはたく。

② フライパンに油を熱し、ぶり
   の両面を焼き色がつくまで中
   火で焼く。

③ フライパンの油をペーパータ
   オルでふき、Aを加え、フラ
   イパンをゆすりながらからめ
   る。器に青じそを敷き、ぶり
   を盛る。

食材変え ぶり → かじき／生鮭　p33にも

27

アスパラの肉巻き

> 肉の照り焼きも
> この味つけで
> OKです

材料(2人分)

牛薄切り肉 ……………… 4枚(150g)
グリーンアスパラガス ……… 4本
片栗粉 ……………………………… 適量
A| しょうゆ ……… 大さじ1 |1
 | 砂糖 ……………… 大さじ1 |1
 | みりん ………… 大さじ1 |1
サラダ油 ……………………………… 少々

下準備

● アスパラは根元から1cmを切り落とし、根元のかたい皮をむき、長さを半分に切る。
● Aは混ぜ合わせる。

作り方

1 牛肉を縦長に広げ、アスパラを手前にのせて巻く。片栗粉をまぶし、軽く握って密着させる。

2 フライパンに油を熱し、❶の巻き終わりを下にして並べ入れる。蓋をし、ときどき転がしながら全体に焼き色がつくまで中火で焼く。

3 フライパンの油をペーパータオルでふき、Aを加え、フライパンをゆすりながら照りが出るまでからめる。斜め半分に切り、器に盛る。

28

食材変え 牛薄切り肉 ➡ 豚薄切り肉 p33にも

つくね煮

甘辛味をからめて
照りを出しましょう

材料(2人分)

鶏ももひき肉 ･････････････ 200g
塩 ････････････････････ 小さじ¼
卵 ･････････････････････ 小1個
しょうが(すりおろし) ･･････ 少々
片栗粉 ･･･････････････ 大さじ1
枝豆(ゆでてさやから出したもの)
･･･････････････････ 大さじ2〜3
だし汁 ･･････････････ ½カップ
しょうゆ ･･･････ **大さじ1** ⎤ 1
砂糖 ･･･････････ **大さじ1** ⎟ 1
みりん ･･･････ **大さじ1** ⎦ 1

作り方

① ひき肉に塩、卵、しょうが、片栗
粉を入れて粘りが出るまで練る。
枝豆を加え、混ぜ合わせる。
😊 肉だねがゆるければ、様子を見なが
ら片栗粉を足してください。

② フライパンにだし汁、しょうゆ、
砂糖、みりんを入れて火にかけ、
煮立ったら弱めの中火にし、①を
スプーンですくって落とし入れる。
片面がかたまったら返し、火が通
るまで煮る。鍋をゆすりながらた
れをからめる。

食材変え 鶏ももひき肉 ➡ 豚ひき肉 枝豆 ➡ グリンピース p33にも

さといもの含め煮

色を白くしたい
煮ものは同量の
薄口しょうゆに

材料(2人分)

さといも ‥‥‥‥‥ 5〜6個(300g)
だし汁 ‥‥‥‥‥‥‥‥ 1½カップ
薄口しょうゆ ‥‥ **大さじ1½** ⌉ 1
砂糖 ‥‥‥‥‥‥‥‥ **大さじ1½** ┤ 1
みりん ‥‥‥‥‥‥ **大さじ1½** ⌋ 1
ゆずの皮 (あれば)

下準備

● さといもは皮ごと洗って乾かす。
● ゆずの皮はせん切りにする。

作り方

1 さといもの両端を切り落として厚めに皮をむき、大きければ半分に切る。

😊 さといもは、ぬれているとすべるので、切るときに絶対にぬらさないように気をつけて。

2 鍋にだし汁、薄口しょうゆ、砂糖、みりん、さといもを入れ、落とし蓋をして中火で20分ほど煮る。そのまま冷まし、味を含ませる。器に盛り、ゆずの皮をのせる。

食材変え さといも ➡ かぼちゃ／高野豆腐／がんもどき p33にも

かぶと油揚げの煮もの

材料(2人分)

かぶ ……………………………… 小3個
油揚げ …………………………… 1枚
だし汁 ………………………… ¾カップ
薄口しょうゆ ……… **小さじ2**⎤1
砂糖 ………………… **小さじ2**⎟1
みりん ……………… **小さじ2**⎦1

> シンプルな煮ものは、
> 甘めの煮汁が
> よく合います

下準備

●かぶは葉を切り落として6等分のくし形切りにする。
●かぶの葉は3㎝長さに切る。
●油揚げは3㎝幅の短冊切りにする。

作り方

鍋に油揚げ、だし汁、薄口しょうゆ、砂糖、みりんを入れて中火で煮立て、かぶ、かぶの葉を加える。落とし蓋をし、弱めの中火で15分煮る。

食材変え かぶ ➡ 大根 油揚げ ➡ さつま揚げ／厚揚げ p33にも

甘辛い
味つけは油揚げと
よく合います

いなりずし

材料(10個分)

ごはん(温かいもの) ……………… 300g
合わせ酢
| 酢、砂糖 ……………… 各大さじ1½
| 塩 …………………………… 小さじ½
油揚げ ……………………………… 5枚
ちりめんじゃこ ………………… 大さじ2
いりごま(白) …………………… 大さじ½
だし汁 …………………………… 1カップ
しょうゆ …………… **大さじ1½** ⌉1
砂糖 ………………… **大さじ1½** ┤1
みりん ……………… **大さじ1½** ⌋1
甘酢しょうが(好みで)

下準備

●合わせ酢の材料を混ぜ合わせ、ちり
　めんじゃこを加えて混ぜる。
●油揚げは半分に切って袋状に開き、
　4分ゆでて油抜きし、半量を裏返す。

作り方

1 鍋にだし汁、油揚げを入れて
　中火にかけ、煮立ったらしょ
　うゆ、砂糖、みりんを加えて
　落とし蓋をし、弱めの中火で
　15分ほど煮る。そのまま冷
　まして味を含ませる。

2 ごはんに合わせ酢を回し入れ、
　しゃもじで切るように混ぜる。
　等分にし、一方にごまを混ぜ、
　それぞれ5個の俵形に握る。

3 ①の汁けを軽く絞って②を詰
　め、軽く握って形をととのえ
　る。器に盛り、甘酢しょうが
　を添える
　😊甘酢しょうがの味つけは、p142
　と同じ酢1：砂糖1ですよ。

食材プラス ➕ すしめしに焼きのり p33にも

しょうゆ **1** ：砂糖 **1** ：みりん **1** おかずの

食材変え・プラスのアイデア

変える ➡　プラスする ➕　　　　アドバイス

		変える ➡　プラスする ➕	アドバイス
p27	ぶりの照り焼き	➡ ぶり→鶏もも肉	😊 鶏もも肉なら、p27の作り方 **2** で蓋をして、中までしっかり火を通しましょう。
p28	アスパラの肉巻き	➡ グリーンアスパラガス→さやいんげん／細ねぎ／にら／オクラ／トマト／にんじん／ごぼう／野菜の甘酢漬け(p143)	😊 巻く野菜は、火の通りやすいものならどんなものでもOKです。にんじんやごぼうなど、火の通りにくい野菜なら、あらかじめ加熱をしてから巻きましょう。
p29	つくね煮	➡ 枝豆→長ねぎ／細ねぎ／にんじん／生しいたけ	😊 長ねぎや細ねぎは小口切り、にんじんや生しいたけは小角に切ってひき肉に混ぜましょう。何も入れず、ひき肉だけで作ってもOKです。つくねを煮ている横で、ししとう、長ねぎ、きのこなどを煮るのもいいですよ。春なら木の芽を飾るのもおすすめです。
p30	さといもの含め煮	➡ さといも→厚揚げ ➕ わかめ	😊 さといもとわかめの組み合わせを、我が家ではよく作りますね。
p31	かぶと油揚げの煮もの	➡ 油揚げ→鶏もも肉 ➕ にんじん	😊 にんじんは乱切りにしていっしょに煮ましょう。赤い色が入ると彩りがよくなりますね。
p32	いなりずし	➡ すしめし→五目ちらしずし(p20)　ちりめんじゃこ＆ごま→ひじき煮(p22)／ごぼうのきんぴら(p111)／たくあん／しば漬け	😊 漬けものは冷蔵庫に残っているもので OK です。刻んで混ぜましょう。

三杯酢といわれる合わせ酢です

酢	しょうゆ	砂糖
1	**1**	**1**

- 酢の酸味としょうゆの塩み、砂糖の甘みが混ざり合ったさっぱり味。

- あえものだけでなく、煮もの、炒めもの、甘酢あんかけなど万能に使えます。

- 加熱調理に使うと、ツーンとした酢のとがりが取れ、コクが出て、味に深みが出ます。

- 和食をさっぱり食べたいときや、夏のおかずに。

1:1:1にだし汁を
加えてまろやかに

かじきの南蛮漬け

材料(2人分)

かじき (切り身)	2切れ
パプリカ (赤)	½個
玉ねぎ	小½個
赤唐辛子	1本
薄力粉	大さじ1
塩、こしょう	各少々
サラダ油	適量
だし汁	¼カップ
酢	**大さじ1½** ⎤ 1
しょうゆ	**大さじ1½** ⎟ 1
砂糖	**大さじ1½** ⎦ 1

下準備

- かじきはひと口大に切る。
- パプリカは細切りにする。
- 玉ねぎは薄切りにする。
- 赤唐辛子は種を取る。

作り方

1. ポリ袋に薄力粉、塩、こしょうを入れ、かじきを加えて薄くまぶす。

2. フライパンに油を多めに入れて熱し、かじきの両面を中火で焼き、バットに取り出す。

3. ②のフライパンにパプリカと玉ねぎを入れてしんなりするまで炒め、だし汁、酢、しょうゆ、砂糖、赤唐辛子を加え、煮立ったら火を止める。熱いうちに②にかけ、冷めるまでおいて味をなじませる。

😊 冷蔵庫で3~4日保存可能です。

食材変え かじき ➡ 生鮭／さわら／小あじ／鶏むね肉 p45にも

人気の酢豚も3つの
調味料で作れます!

酢豚

材料(2人分)

豚ヒレ肉 ································ 100〜150g
　塩 ·· 少々
　しょうが汁 ······························ 少々
　片栗粉 ······························ 大さじ1
玉ねぎ ······································ ½個
干ししいたけ ······························ 2枚
ピーマン ···································· 1個
にんにく ···································· 1片
A　水 ············· 干ししいたけの
　　戻し汁を含めて⅓カップ
　　鶏がらスープの素(顆粒)
　　 ··· 少々
　　片栗粉 ······················ 小さじ1
　　酢 ···················· **大さじ1½**　｜1
　　しょうゆ ········· **大さじ1½**　｜1
　　砂糖 ················ **大さじ1½**　｜1
揚げ油 ···································· 適量
サラダ油 ······················ 大さじ1

下準備

● 豚肉はひと口大に切り、塩、しょうが汁をもみ込み、片栗粉をまぶす。
● 玉ねぎはひと口大に切ってほぐす。
● 干ししいたけは水で戻し、ひと口大のそぎ切りにする。
● ピーマンはひと口大に切る。
● にんにくは薄切りにする。
● Aは混ぜ合わせる。

作り方

1 揚げ油を180℃に熱し、豚肉を揚げる。取り出して2〜3分おき、もう一度揚げる。
　😊 肉を休ませている間に次の工程へ進むとスムーズですよ。

2 フライパンに油とにんにくを入れて熱し、香りが出たら玉ねぎ、干ししいたけ、ピーマンを加えて中火で炒める。全体に油が回ったらAを加え、とろみが出るまで強火で煮る。❶を加え、炒め合わせる。

食材変え　豚ヒレ肉 ➡ 豚肩ロース肉／鶏むね肉／かじき／さば／あじ　p45にも

手羽先と大根の煮もの

煮ものにも使える
割合です。酢の効果で
肉がホロホロ

材料(2人分)

鶏手羽先肉 ················· 6本
| しょうゆ ······ 大さじ½
大根 ············· 10㎝ (300g)
長ねぎ ····················· ½本
しょうが、にんにく
 ······························ 各1片
赤唐辛子 ····················· 1本
サラダ油 ····················· 少々
水 ······················· 1カップ
酢 ·············· **大さじ1** ⌉ 1:
しょうゆ ···· **大さじ1** ⎢ 1:
砂糖 ············ **大さじ1** ⌋ 1

下準備

●鶏肉にしょうゆ大さじ½をもみ込む。
●大根は1㎝幅のいちょう切りにする。
●長ねぎは3㎝長さに切る。
●しょうが、にんにくは薄切りにする。
●赤唐辛子は種を取る。

作り方

① 鍋に油を熱し、鶏肉を中火でこんがりと焼く。長ねぎ、しょうが、にんにく、赤唐辛子を加え、香りが出るまで炒める。

② 大根、材料の水、酢、しょうゆ、砂糖を加え、煮立ったら火を弱め、蓋をして20〜30分煮る。

食材プラス ➕ にんじん／ごぼう／れんこん

棒棒鶏
バンバンジー

中国料理の
定番おかずも
この割合で作れます

材料（2人分）

鶏むね肉 ………… 小½枚（120g）
| 塩 …………………………… 少々
| 酒 …………………………… 大さじ1
きゅうり ……………………………… 1本
練りごま（白）…………… 大さじ1
A | 鶏がらスープ（または水）
　 　…………………………… 大さじ1
　| しょうが汁 …………………… 少々
　| **酢** …………… **大さじ1**] 1
　| **しょうゆ** …… **大さじ1** ┊ 1
　| **砂糖** ………… **大さじ1**] 1
ラー油（好みで）

下準備

● きゅうりはせん切りにする。
● Aは混ぜ合わせる。

作り方

❶ 耐熱皿に鶏肉を入れ、塩をもみ込んで酒をふり、ラップをかぶせて電子レンジで2分半加熱する。あら熱がとれたらラップの上から握りこぶしで叩いて繊維を粗くほぐし、完全に冷めたら身は細かく裂き、皮は細切りにする。

😊 鶏肉の加熱時間は100gにつき2分を目安に。温かいうちに叩いて繊維をほぐすと、冷める間に蒸し汁を吸って、しっとりします。

❷ 練りごまに、Aを少しずつ加えて溶けのばす。

❸ ❶ときゅうりを❷であえて器に盛り、ラー油をかける。

食材変え　きゅうり ➡ セロリ／もやし　p45にも

酢 ‥ しょうゆ ‥ 砂糖

とろみをつけたら
甘酢あんにも!

厚揚げの
五目あんかけ

材料(2人分)

厚揚げ	2枚
豚薄切り肉	50g
酒、片栗粉、サラダ油	各小さじ1
にんじん	3cm
細ねぎ	4本
えのきたけ	½袋
しょうが	1片
ごま油	小さじ1
A 水	⅓カップ
鶏がらスープの素(顆粒)	少々
片栗粉	小さじ½
酢	**大さじ1**
しょうゆ	**大さじ1**
砂糖	**大さじ1**

下準備

- ●豚肉は細切りにし、酒をもみ込み、片栗粉をまぶし、油をかけてほぐす。
- ●にんじんはせん切りにする。
- ●細ねぎは4cm長さに切る。
- ●えのきたけは半分に切ってほぐす。
- ●しょうがはせん切りにする。
- ●Aは混ぜ合わせる。

作り方

1 厚揚げは、グリルでこんがりと焼き、食べやすく切って器に盛る。

2 フライパンにごま油を熱し、豚肉としょうがを中火で炒める。肉の色が変わったらにんじん、細ねぎ、えのきたけを加えて炒める。

3 Aを加えて混ぜ、とろみがついたら厚揚げにかける。

食材変え 厚揚げ → 白身魚のソテー／焼きそば p45にも

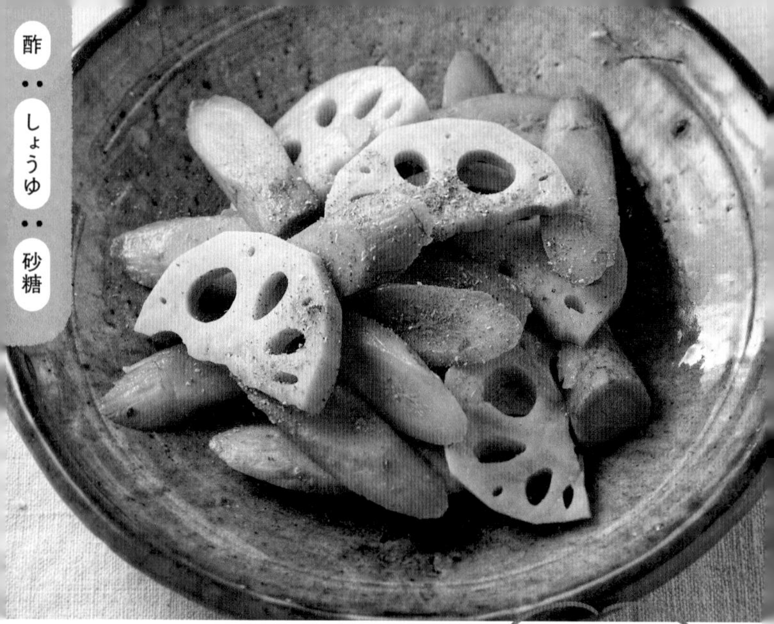

れんこんとごぼう の甘酢炒め煮

> しょうゆと砂糖の
> 甘辛味に酢が入ると
> さっぱりします

材料(2人分)

れんこん		80g
ごぼう		80g
サラダ油		大さじ1
水		½カップ
酢	**小さじ2**	1
しょうゆ	**小さじ2**	1
砂糖	**小さじ2**	1
粉山椒(好みで)		

下準備

● れんこんは5mm幅の半月切りにして酢水(材料外)につける。

● ごぼうは5mm幅の斜め切りにする。

作り方

① フライパンにごぼう入れて油をまぶし、材料の水を加えて中火で3〜4分煮る。

② れんこん、酢、しょうゆ、砂糖を加え、汁けがなくなるまで炒め煮にする。器に盛り、粉山椒をふる。

食材変え れんこん&ごぼう → にんじん/かぶ　サラダ油 → ごま油　p45にも

甘酢の割合を覚えて
おくとあえものに
重宝します

キャベツとかにかまの
しょうが酢あえ

材料(2人分)

キャベツ ·················· ⅛個(200g)
かに風味かまぼこ ···················· 3本
しょうが(すりおろし) ·········· 小さじ1
酢 ······························· 小さじ2 ⌉ 1
しょうゆ ························· 小さじ2 ∴ 1
砂糖 ····························· 小さじ2 ⌋ 1

下準備

●かに風味かまぼこは粗くほぐす。

作り方

❶ 耐熱皿にキャベツを入れ、ラップをかぶせて電子レンジで3分加熱し、ざるに上げて冷ます。ざく切りにし、水けを絞る。

❷ しょうが、酢、しょうゆ、砂糖を混ぜ合わせ、❶、かに風味かまぼこを加えてあえる。
😊 キャベツを切らずにかにかまを芯にして巻き、ひと口大に切ってから甘酢をかけると、おもてなし向けの一品になります。

食材変え かに風味かまぼこ ➡ しらす干し／ハム／ちくわ p45にも

43

酢・ナンプラー・砂糖

しょうゆをナンプラーに変えるだけでパッタイ風に

タイ風焼きそば

材料(2人分)

米めん	200g
豚ひき肉	100g
卵	2個
塩、こしょう	各少々
もやし	1袋
パクチー	½束
サラダ油	大さじ1
にんにく(みじん切り)	小さじ2
A 砂糖、ナンプラー	各大さじ½
酢	**大さじ1**
ナンプラー	**大さじ1**
砂糖	**大さじ1**
ナッツ、レモン(各好みで)	

下準備

● 卵、塩、こしょうを混ぜ合わせる。
● もやしはひげ根を取る。
● パクチーはざく切りにする。

作り方

1 米めんは袋の表示通りにゆでて水にとり、水けをきる。

2 フライパンに油を強火で熱し、溶き卵を入れ、大きく混ぜていり卵を作り、取り出す。

3 ❷のフライパンにひき肉、にんにく、Aを入れ、よく混ぜてから中火にかけ、ポロポロになるまで炒める。

4 ❶、もやしを加えて炒め、酢、ナンプラー、砂糖を加えて炒め合わせる。火を止め、いり卵とパクチーを混ぜる。器に盛り、ナッツを散らし、レモンを添える。

食材変え&プラス) 米めん → そうめん　パクチー → せり/三つ葉　➕ えび

酢 ❶：しょうゆ ❶：砂糖 ❶ おかずの

食材変え・プラス・アレンジのアイデア

変える ➡　プラスする ➕
アレンジする ↻

アドバイス

p35	かじきの 南蛮漬け	➡ かじき→ししゃも／ 豚肩ロース肉　酢→レモ ン汁／白ワインビネガー ➕ カレー粉	😊 我が家では、ししゃもを 南蛮漬けによく使います。し しゃもなら塩、こしょうの下 味はいりません。揚げても焼 いてもOKですが、いずれも 熱いうちに南蛮酢に漬けてく ださい。カレー粉を足すなら 赤唐辛子はいりませんよ。
p36	酢豚	➡ 酢→黒酢 ➕ にんじん／たけのこ	
p39	棒棒鶏	➕ にんじん／春雨／パ クチー ↻ 中華めんにのせる	😊 春雨＆パクチーのように、 複数組み合わせるのもおす すめです。
p40	厚揚げの 五目あんかけ	➡ 厚揚げ→ポーチドエ ッグ	😊 我が家では五目あんをポ ーチドエッグにかけ、それを ごはんにのせて食べます。野 菜と卵黄がからまり、それを ごはんが受け止めてくれ、お いしいんです！
p42	れんこんと ごぼうの 甘酢炒め煮	➡ れんこん＆ごぼう→ にんじん＆きゅうり＆玉 ねぎ ➕ 鶏むね肉／豚薄切り 肉／練りもの	😊 きゅうりを入れるときは、 縦半分に切って斜め切りに し、塩少々をふり、仕上げに 加えてさっと炒めましょう。 たんぱく質食材を足すと、主 菜にもなります。その場合、 先にサラダ油少々で肉を炒 めてください。
p43	キャベツと かにかまの しょうが酢あえ	➡ キャベツ→蒸しなす しょうが→みょうが／青 じそ／すりごま ➕ わかめ	

酸味がまろやかな酢じょうゆ

酢	しょうゆ	みりん
1 :	**1** :	**1**

- p34の割合よりも甘みが弱い分、
  酢の味が立った味つけ割合です。

- 酢としょうゆだけだととがった味なので、
  みりんを加えてまろやかさをプラス。

- 酢の味を際立たせたい料理に。

- よりさっぱり食べたいときに。夏のおかずに。

- 切り干し大根など食材自体に甘みがあるときは、
  p34の割合よりもこちらのほうが向いています。

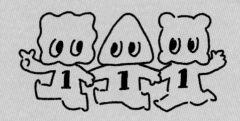

油淋鶏
ユーリンチー

油淋鶏のたれは
1：1：1に薬味を
たっぷりと

材料(2人分)

鶏もも肉	1枚
しょうゆ	大さじ½
こしょう	少々
片栗粉	適量
揚げ油	適量
A 長ねぎ(みじん切り)	大さじ2
しょうが(みじん切り)	大さじ½
にんにく(みじん切り)	少々
いりごま(白)	大さじ1
ごま油	大さじ½
酢	**大さじ1** ⌉ 1
しょうゆ	**大さじ1** ｜ 1
みりん	**大さじ1** ⌋ 1
キャベツ	4枚

下準備

● 鶏肉は皮目を下にして置き、1cm幅に浅く切り目を入れる。しょうゆ、こしょうをふり、手でなじませる。

● Aは混ぜ合わせる。

● キャベツはせん切りにする。

作り方

① 揚げ油を170℃に熱し、鶏肉に片栗粉をまぶして余分をはたいて入れ、揚げる。取り出して2〜3分おき、もう一度揚げる。

② 器にキャベツを敷いて、鶏肉を食べやすく切って盛り、Aをかける。

食材変え 鶏もも肉 ➡ 市販のから揚げ／厚揚げ　キャベツ ➡ レタス 　p55にも

酢 ‥ しょうゆ ‥ みりん

牛たたき

牛たたきのたれに
酢を入れると
さっぱりします

材料(2人分)

牛ももかたまり肉 ‥‥‥ 200g
しょうが ‥‥‥‥‥‥‥‥‥ 1片
サラダ油 ‥‥‥‥‥‥‥ 少々
酢 ‥‥‥‥‥‥‥ **大さじ2** ⎤ 1
しょうゆ ‥‥‥ **大さじ2** ⎟ ：
みりん ‥‥‥‥ **大さじ2** ⎦ 1
わかめ(戻したもの)、
　スプラウト、青じそ
‥‥‥‥‥‥‥‥‥‥‥ 各適量

下準備

● 牛肉は焼く30分ほど前
　に冷蔵庫から出す。
● しょうがは薄切りにする。

作り方

1 フライパンに油を熱し、牛肉の両面を
焼き色がつくまで中火で2〜3分焼く。
酢、しょうゆ、みりん、しょうがを加
えて火を止め、蓋をして3〜5分おく。

2 ポリ袋に牛肉を汁ごと入れ、空気を抜
いて口をしばり、冷蔵庫で1日おく。

3 牛肉を食べる分だけ薄切りにする。わ
かめは**2**のつけ汁であえる。

　👩 3〜4日は日持ちするので、残った分はか
たまりのまま、漬け汁と別にして保存しましょ
う。切ると色が悪くなります。

4 器に牛肉、わかめ、スプラウト、青じ
そを盛り合わせる。

食材変え 牛ももかたまり肉 ➡ 牛赤身肉(ステーキ用)

肉の下味と味つけを
兼ねた使い方も
できます

鶏肉とトマトのレンジ蒸し

材料(2人分)

鶏むね肉(皮なし)
　　　　　　　1枚(250g)
酢 ‥‥‥‥ **大さじ1**〕1
しょうゆ ‥‥ **大さじ1**〕1
みりん ‥‥‥ **大さじ1**〕1
玉ねぎ ‥‥‥‥‥‥‥‥ ½個
トマト ‥‥‥‥‥‥‥‥ 1個
こしょう ‥‥‥‥‥‥‥ 少々
片栗粉 ‥‥‥‥‥‥‥ 大さじ1
サラダ油 ‥‥‥‥‥‥ 大さじ1
ピザ用チーズ ‥‥‥‥‥ 50g

下準備

● 鶏肉はひと口大のそぎ切りにする。酢、しょうゆ、みりん、こしょうをもみ込み、片栗粉をまぶし、油をからめる。
● 玉ねぎは繊維を断つ方向に薄切りにする。
● トマトは半月切りにする。

作り方

耐熱皿に玉ねぎを広げ、鶏肉とトマトを交互に並べ、チーズをのせる。ラップをふんわりとかぶせ、電子レンジで6分ほど加熱する。

😊 玉ねぎを敷くので空気の層ができ、加熱ムラが防げます。

食材変え　鶏むね肉 ➡ かじき／生鮭
（電子レンジの加熱時間は100gにつき、1分半を目安に）

p55にも

酢 ・・ しょうゆ ・・ みりん ＋ ごま

ごまを足すと
風味が加わって
コクのある味に

じゃがいもと
アスパラのごま酢あえ

材料 (2人分)

じゃがいも ……………………… 1個
グリーンアスパラガス ………… 4本
すりごま (白) ……………… 大さじ1強
酢 ………………………… 小さじ2 ⎤ 1
しょうゆ ………………… 小さじ2 ⎟ 1
みりん …………………… 小さじ2 ⎦ 1

下準備

- じゃがいもは短冊形の薄切りに
  し、水にさらす。
- アスパラは根元から1cmを切り
  落とし、根元のかたい皮をむき、
  斜め薄切りにする。

作り方

1. 鍋に湯を沸かして1％の塩 (材料
   外) を加え、アスパラを入れ、
   ひと混ぜしたらじゃがいもを加
   える。じゃがいもが透き通るま
   でゆで、ざるに上げて冷ます。
   😊 じゃがいもはさっとゆでて、しゃ
   りしゃりした歯ざわりにするのがおい
   しさのポイント。ゆですぎないように
   気をつけて！

2. すりごま、酢、しょうゆ、みり
   んを混ぜ、❶を加えてあえる。

食材変え グリーンアスパラガス ➡ スナップえんどう／にんじん p55にも

かぶとにんじんの サラダ

> ごま油を足して 和風ドレッシングの ようにも使えます

材料(2人分)

かぶ	2個
にんじん	½本
わかめ(戻したもの)	30g
酢	**大さじ1** ⌉ 1
薄口しょうゆ	**大さじ1** │ 1
みりん	**大さじ1** ⌋ 1
ごま油	大さじ1

下準備

● かぶは6等分のくし形切りにする。
● にんじんは薄めの乱切りにする。
● わかめはざく切りにする。

作り方

1 鍋ににんじんと、かぶるくらいの水を入れて火にかけ、竹串がやっと刺さるくらいにかためにゆでる。かぶを加え、ひと煮立ちしたら火を止め、2〜3分おく。

2 ざるにわかめを広げ、その上に❶をあけて水けをきる。

3 ボウルに❷を入れ、酢、しょうゆ、みりん、ごま油を加えてあえる。
😊 温かいままでも、冷やしてもおいしいですよ。

食材プラス ➕ 仕上げに削り節

煮なます

酢は加熱すると
酸味がまろやかに
なります

材料(2人分)

大根	10cm(300g)
塩	小さじ¼
にんじん	3cm
ツナ缶(油漬け)	1缶
酢	**小さじ2** ⎤1
しょうゆ	**小さじ2** ⎬1
みりん	**小さじ2** ⎦1

下準備

- ●大根はスライサーで細く切り、塩をまぶして5分ほどおき、ざるに上げて水けをきる。
- ●にんじんは、スライサーで細く切る。

作り方

1. フライパンに大根、にんじん、ツナを缶汁ごと入れて、軽く混ぜる。

2. 強火にかけて1～2分炒め、水分が飛んでチリチリと音がしてきたら酢、しょうゆ、みりんを加えてひと混ぜする。弱めの中火にし、蓋をして10分ほど蒸し煮にする。

食材変え&プラス ツナ ➡ 油揚げ ➕ 仕上げに削り節

きのこのマリネ

材料（作りやすい分量）

きのこ（好みのもの）…… 計3パック
酢 …………………… **大さじ2** ⎤1
薄口しょうゆ ………… **大さじ2** ⎟1
みりん ………………… **大さじ2** ⎦1
オリーブ油 ……………… 大さじ2

油を足すとマリネ液に。
日持ちもします

下準備

●きのこは石づきを取って食べ
やすくほぐすなどの下処理を
する。

作り方

耐熱容器にきのこを入れ、酢、
薄口しょうゆ、みりん、オリー
ブ油を加える。ラップをかぶせ
て電子レンジで6分加熱し、ひ
と混ぜして冷ます。

食材プラス ➕ 玉ねぎ／ベーコン／にんにく／パセリ　p55にも

53

タイ風春雨サラダ

しょうゆをナンプラー
に変えると
ヤムウンセン風に

材料(2人分)

えび ……………………… 6尾
春雨(乾燥) ……………… 30g
もやし …………………… ½袋
パクチー ………………… ½束
酢 …………………… **大さじ1** ┐ 1
ナンプラー ………… **大さじ1** ├ 1
みりん ……………… **大さじ1** ┘ 1

下準備

● えびは片栗粉大さじ1(材料
　外)をまぶして水洗いし、背
　わたを取る。
● 春雨は袋の表示通りに戻し、
　ざく切りにする。
● もやしはひげ根を取る。
● パクチーは3cm長さに切る。

作り方

① 鍋に水1カップ、酒大さじ1、しょ
　うがの皮(各材料外)を入れて火に
　かけ、煮立ったらえびを1分ゆで
　る。そのまま冷めるまでおき、殻
　をむく。酢、ナンプラー、みりん
　を合わせ、えびをつける。

② 耐熱ボウルにもやしを入れ、ラッ
　プをかぶせて電子レンジで1分加
　熱する。ざるに上げ、冷ます。

③ ❶にもやし、春雨、パクチー(飾
　り用に少し残す)を加えてあえる。
　器に盛り、パクチーを飾る。

食材プラス ➕ セロリ／蒸し鶏／ハム／かに風味かまぼこ p55にも

酢 **1** ：しょうゆ **1** ：みりん **1** おかずの

食材変え・プラス・アレンジのアイデア

変える **➡** プラスする **➕**
アレンジする **↻**

アドバイス

p47	油淋鶏	➕ 青じそ／みょうが／パクチー／三つ葉	😊 ねぎソースに混ぜる薬味野菜を長ねぎ、しょうが、みょうがにすると和風の味わいのソースになります。これもおすすめです。
p49	鶏肉とトマトのレンジ蒸し	➕ アボカド／かぼちゃ／ピーマン／オクラ	😊 いっしょに蒸す野菜は、好きに変えてよいですが、トマトは必ず入れてくださいね。酸味と水分が全体をまとめるソース役になるので。
p50	じゃがいもとアスパラのごま酢あえ	➡ じゃがいも→ごぼう／れんこん ➕ ハム／かに風味かまぼこ／生しいたけ	
p53	きのこのマリネ	➡ オリーブ油→ごま油 ↻ レタスなどの生野菜にかける／ポークソテーやムニエルにかける／ハムやツナとパンにはさむ／オムレツの具にする	😊 そのまま食べる以外に、アレンジの幅がきくので便利ですよ。冷蔵庫で1週間ほど日持ちします。
p54	タイ風春雨サラダ	➡ パクチー→三つ葉／せり ➕ ひき肉／いり卵／細ねぎ／赤唐辛子／仕上げに粗く刻んだピーナッツ／ラー油	😊 ひき肉を入れる場合、ひき肉にも下味がついているとおいしいので、ひき肉100gにつきナンプラーと砂糖各小さじ1を加え、混ぜてから火にかけて、パラパラになるまで炒めましょう。調味液に赤唐辛子の小口切りを混ぜたり、食べるときにラー油をかけたりして、辛みをプラスするのもおすすめです。

みそ風味の甘辛味

みそ		しょうゆ		はちみつ
1	:	**1**	:	**1**

- みそ風味のしょうゆとも、
  しょうゆ風味のみそともいえる味。

- しょうゆによって、みそのくどい感じがやわらいで、
  味が締まります。

- はちみつを使うので、コクと照りが出ます。

- しょうゆとはちみつが入るので、
  p124の割合よりもサラサラ。炒めものにも便利です。

回鍋肉
ホ イ コ ー ロ ー

> ごはんのすすむ
> 甘みそは炒めものに
> 最適です

材料(2人分)

豚薄切り肉	100g
酒	大さじ1
片栗粉	大さじ½
サラダ油	大さじ½
キャベツ	3～4枚
長ねぎ	5cm
しょうが、にんにく	各½片
ごま油	大さじ½
みそ	**小さじ2** ⎤1
しょうゆ	**小さじ2** ⎥1
はちみつ	**小さじ2** ⎦1

下準備

● 豚肉はひと口大に切り、酒をもみ込み、片栗粉をまぶし、油をかけてほぐす。
● キャベツはひと口大に切る。
● 長ねぎは斜め薄切りにする。
● しょうが、にんにくは薄切りにする。

作り方

1 フライパンにごま油、長ねぎ、しょうが、にんにくを入れて中火で炒め、香りが出たら豚肉を加え、肉の色が変わるまで炒める。

2 キャベツを加えて蓋をし、1分ほど蒸し焼きにする。みそ、しょうゆ、はちみつを加え、炒め合わせる。

食材プラス ➕ 玉ねぎ／ピーマン

みそ・・しょうゆ・・はちみつ

豚のみそ漬け

> めんどうなイメージの
> あるみそ漬けも、
> これなら手軽

材料(2人分)

豚肩ロース肉(とんかつ用)
.... 2枚
サラダ油 .... 少々
みそ .... **大さじ1** ┐1
しょうゆ ...... **大さじ1** ├ : 1
はちみつ ...... **大さじ1** ┘ : 1
サニーレタス .... 適量

下準備

●豚肉は筋切りする。

作り方

1. フライパンに油を熱し、豚肉を入れ、両面にこんがりと焼き色がつくまで中火で3〜4分焼く。

2. ポリ袋にみそ、しょうゆ、はちみつを混ぜ、❶を加える。空気を抜いて口をしばり、冷蔵庫で1日おく。
   😊 焼いてから漬けると、肉が塩辛くなりにくく、身もやわらか。焼くときに焦げる心配もありません。

3. 豚肉を取り出し、食べやすい大きさに切る(グリルで軽く焼いて温めてもよい)。器にサニーレタスを敷き、豚肉を盛る。

食材変え 豚肩ロース肉 → 半熟卵／アボカド p63にも

ちゃんちゃん焼き

みそとバターは
相性抜群の
組み合わせです

材料(2人分)

生鮭(切り身)	2切れ
｜ しょうゆ	小さじ1
キャベツ	4枚
玉ねぎ	½個
じゃがいも	1個(150g)
A ｜ みそ	大さじ1½	1
｜ しょうゆ	大さじ1½	1
｜ はちみつ	大さじ1½	1
バター	大さじ1

下準備

- 鮭は1切れを半分に切り、しょうゆをまぶして10分おく。
- キャベツはざく切りにする。
- 玉ねぎは薄切りにする。
- じゃがいもは電子レンジで3分加熱し、1cm幅に切る。
- Aは混ぜ合わせる。

作り方

フライパンに玉ねぎ、キャベツ、じゃがいもを敷き、鮭の汁をふいてのせる。Aをかけ、蓋をして中火で7〜8分蒸し焼きにし、バターをのせる。

😊ひとり分ずつアルミ箔で包んでも。家族で食事をとる時間がバラバラのときに便利です。

食材変え 生鮭 ➡ かじき　じゃがいも ➡ かぼちゃ　p63にも

いわしの梅みそ煮

材料（2人分）

いわし	3〜4尾
梅干し	1個
みそ	**小さじ2**
しょうゆ	**小さじ2**
はちみつ	**小さじ2**
水	¾カップ

（みそ・しょうゆ・はちみつ：1：1：1）

作り方

① みそ、しょうゆ、はちみつを混ぜ合わせ、いわしにからめる。

② 鍋に材料の水、梅干し、①を入れ、落とし蓋をして中火で10分ほど煮る。

下準備

● いわしは頭を切り落とし、腹を斜めに切って内臓をかき出す。水洗いして水けをふき、1尾を3等分に切る。

● 梅干しは軽くつぶして種を取る。

> こってり味の甘みそが梅干しの酸味でさっぱりします

食材変え いわし → あじ／さば／鶏手羽元肉

豚肉の にんにくみそ炒め

にんにくを足すと
パンチのきいた
甘みそに

材料(2人分)

豚切り落とし肉 ············· 150g
にんにく ·················· 大1/2個
みそ ·················· **小さじ2** ⌉1
しょうゆ ·············· **小さじ2** ┤1
はちみつ ·············· **小さじ2** ⌋1
大根 ·················· 10㎝ (300g)
サラダ油 ···················· 少々

下準備

● 大根はピーラーでリボン状
に削る。

作り方

1 にんにくは、先端を少し切り、皮ご
とラップで包んで電子レンジで40
秒～1分加熱する。皮をむき、フォー
クで細かくつぶし、みそ、しょう
ゆ、はちみつを加えて混ぜる。

😊 このにんにくみそは、炒めものや煮もの
などいろいろに使えるので、倍量で作るの
もおすすめです。その場合、加熱時間も倍に。

2 フライパンに油を熱し、豚肉を色が
変わるまで中火で炒め、❶を加えて
炒め合わせる。

3 器に大根を敷き、❷を盛る。

食材変え 豚薄切り肉 ➔ 豚こま切れ肉／鶏むね肉／いか p63にも

刺激の辛みで
甘みそが
締まった味に

パプリカと
玉ねぎのピリ辛炒め

材料（2人分）

パプリカ（赤・黄） ········ 各½個
玉ねぎ ····················· ½個
サラダ油 ················ 小さじ2
豆板醤 ················· 小さじ½
A ┌ みそ ········· 大さじ½ ┐1
  │ しょうゆ ······ 大さじ½ │1
  └ はちみつ ······ 大さじ½ ┘1

下準備

●パプリカは縦に1cm幅に切ってから、斜め半分に切る。
●玉ねぎはくし形切りにする。
●Aは混ぜ合わせる。

作り方

フライパンに油、豆板醤を入れて中火で炒め、香りが出たらパプリカ、玉ねぎを加えてさっと炒める。蓋をして1分ほど蒸し焼きにし、Aを加えて炒め合わせる。

食材変え パプリカ＆玉ねぎ ➡ なす＆ズッキーニ p63にも

みそ **1** : しょうゆ **1** : はちみつ **1** おかずの

食材変え・プラス・アレンジのアイデア

変える ➡ プラスする ➕
アレンジする ↻

アドバイス

		変える ➡ プラスする ➕ アレンジする ↻	アドバイス
p58	豚のみそ漬け	➡ 豚肩ロース肉→鶏もも肉／ぶり／鮭／パプリカ ➕ みそ床に一味唐辛子／粉山椒	😊 加熱が必要な食材は、火を入れてから漬けましょう。そうすれば、生食の食材をいっしょに漬けられたり、みそ床をもう一度使えたりして有効活用できます。
p59	ちゃんちゃん焼き	➕ きのこ／にんじん／ピーマン／もやし	😊 野菜は何でも合いますが、北海道の郷土料理なので、北海道らしい食材を使うといいですね。
p61	豚肉のにんにくみそ炒め	➡ 大根→きゅうり／キャベツ／レタス ↻ ごはんにのせる／うどんにのせる	😊 合わせる野菜はみずみずしいものが向いています。きゅうりなら大根と同じくピーラーで削り、キャベツやレタスはせん切りに。にんにくみそを、回鍋肉(p57)、ちゃんちゃん焼き(p59)、いわしの梅みそ煮(p60)に使うのもおすすめです。
p62	パプリカと玉ねぎのピリ辛炒め	➡ パプリカ＆玉ねぎ→鶏むね肉＆きのこ／長いも ➕ さつま揚げ／ソーセージ	😊 たんぱく質食材を足すと、ボリュームが出て、主菜にもなります。

オイスター
ソース　　　しょうゆ　　　酒

1 : **1** : **1**

● オイスターソースがベースとなったコクのある味です。

● オイスターソースと酒だけだと
ややぼやけた味なので、しょうゆで味を締めます。

● 炒めもの、煮ものなど、
中国風の味つけにしたいときに。

この割合は、肉の漬け込みだれとしても使えます

チャイニーズステーキ

材料(2人分)

牛肉(ステーキ用)	200g
酒	大さじ1
サラダ油	大さじ1
片栗粉	大さじ½
にんにく(すりおろし)	小さじ1

A
オイスターソース	**小さじ2**	1
しょうゆ	**小さじ2**	1
酒	**小さじ2**	1
こしょう	少々	

チンゲン菜	½束
ごま油	大さじ1

B
鶏がらスープの素(顆粒)	小さじ½
こしょう	少々
酒	大さじ1

下準備

●牛肉は握りこぶしで叩いてやわらかくし、ひと口大に切る。酒、油を順にもみ込み、片栗粉をまぶす。にんにくとAを加え、さらにもみ込む。
●チンゲン菜は3cm長さに切り、根元は六つ割りにする。

作り方

① フライパンにごま油大さじ½を熱し、チンゲン菜を根元から入れ、強火でさっと炒める。Bを加え、汁を飛ばすようにして炒め、器に盛る。

② フライパンにごま油大さじ½を熱し、牛肉の両面を強めの中火で軽く焼き、チンゲン菜にのせる。

食材変え 牛肉(ステーキ用)→牛肉(焼き肉用) チンゲン菜→小松菜／豆苗

中国料理の定番
メニューはこの味つけ
割合でOK!

青椒肉絲
チ ン ジャ オ ロー スー

材料(2人分)

牛薄切り肉 ································ 100g
| 砂糖 ································· 小さじ1
| 酒、片栗粉、サラダ油
| ································ 各小さじ2
ピーマン ···························· 3〜4個
長ねぎ ································· 10cm
しょうが ···························· 小1片
A | **オイスターソース**
| ···················· **大さじ½** ⌉1
| **しょうゆ** ········· **大さじ½** |1
| **酒** ················ **大さじ½** ⌋1
ごま油 ··························· 大さじ1

下準備

● 牛肉は細切りにし、砂糖、酒をもみ込み、片栗粉をまぶし、油をかけてほぐす。

😊 この下処理をすると、炒めても肉が縮まず肉汁も閉じ込められ、仕上がりがぐっとおいしくなります。

● ピーマンはせん切りにする。
● 長ねぎは縦半分に切り、斜め薄切りにする。
● しょうがはせん切りにする。
● Aは混ぜ合わせる。

作り方

1️⃣ フライパンにごま油大さじ½を入れて中火にかけ、油がぬるいうちに牛肉を加えて炒め、色が変わったら取り出す。

2️⃣ ❶のフライパンにごま油大さじ½を足し、ピーマン、長ねぎ、しょうがをさっと炒める。Aを加え、ピーマンが色鮮やかになったら牛肉を戻し入れ、強火で手早く炒め合わせる。

食材変え&プラス 牛薄切り肉 ➡ 豚薄切り肉
➕ たけのこ／赤ピーマン／パプリカ／もやし

甘みとコクのある
中国風の煮込みです

豚肉と豆腐のオイスター煮

材料(2人分)

豚薄切り肉	100g
酒、片栗粉、サラダ油	
	各小さじ2
木綿豆腐	1丁(300g)
長ねぎ	½本
スナップえんどう	5個
生しいたけ	4枚
サラダ油	大さじ½

A | 水 ‥‥‥‥‥ ½カップ
オイスターソース
‥‥‥‥‥ **大さじ1** ⎤ 1
しょうゆ ‥ 大さじ1 ⎥ 1
酒 ‥‥‥‥ 大さじ1 ⎦ 1

下準備

● 豚肉はひと口大に切り、酒をもみ込み、片栗粉をまぶし、油をかけてほぐす。

● 豆腐は1cm幅のひと口大に切り、水きりする。

● 長ねぎは1cm幅の斜め切りにする。

● スナップえんどうは筋を取って斜め半分に切る。

● しいたけは軸を切り、半分にそぎ切りにする。

作り方

1 フライパンに油、長ねぎを入れて中火で炒め、香りが出たら豚肉を加えて肉の色が変わるまで炒める。

2 Aを加え、煮立ったら豆腐としいたけを加え、5～6分煮る。煮上がり2分前にスナップえんどうを加え、フライパンをゆすりながら煮汁をからめる。

食材変え) 豆腐 → 厚揚げ 生しいたけ → エリンギ／しめじ p73にも

オイスターソース ‥ しょうゆ ‥ 酒

あじの 味つきフライ

ソースいらずで 食べられて、冷めても おいしい！

材料（2人分）

あじ（三枚おろし）
　　　　　　　 2〜3尾分（200g）
オイスターソース
　　　　　　　 大さじ½　┐1
しょうゆ ‥‥‥ **大さじ½**　├1
酒 ‥‥‥‥‥ **大さじ½**　┘1
A｜薄力粉、牛乳
　　　　　　　 各大さじ1½
生パン粉 ‥‥‥‥‥ 1カップ
揚げ油 ‥‥‥‥‥‥‥ 適量
レタス ‥‥‥‥‥‥‥‥ 2枚
レモン ‥‥‥‥‥‥‥‥ 適量

下準備

● あじは小骨を取り、ひと口大に切る。
　オイスターソース、しょうゆ、酒を
　からめて5分おく。
● Aは混ぜ合わせる。
● レタスはせん切りにする。
● レモンはくし形切りにする。

作り方

1 あじの汁けをペーパータオルでふき、
　Aをからめ、パン粉をつけて軽く押
　さえる。

2 揚げ油を180℃に熱し、あじを揚
　げる。器に盛り、レタスとレモンを
　添える。

食材変え　あじ ➡ いわし／さば　p73にも

69

オイスターソース ‥ しょうゆ ‥ 酒

おなじみのあんかけも
オイスターソースを使うと
コクが出ます

小松菜の
そぼろあんかけそば

材料(2人分)

中華蒸しめん(焼きそば用) ……… 2玉
豚ひき肉 …………………………… 100g
小松菜 ……………………………… 4株
長ねぎ ……………………………… 15cm
しょうが(みじん切り) ……… 大さじ1
オイスターソース ……… **大さじ1** ⎤ 1
しょうゆ ………………… **大さじ1** ⎟ :
酒 …………………………… **大さじ1** ⎦ 1
水 ………………………………… ½カップ
A｜片栗粉 ……………………… 小さじ1
　｜水 ………………………………… 大さじ1

下準備

●中華蒸しめんは、油がまぶされて
　いなければ、サラダ油少々(材料
　外)をまぶしてほぐす。
●小松菜は3cm長さに切る。
●長ねぎは縦半分に切り、1cm幅の
　斜め切りにする。
●Aを混ぜ、水溶き片栗粉を作る。

作り方

1️⃣ フライパンを熱し、中華蒸し
　めん1玉を入れて広げ、両面
　を中火でカリッと香ばしく焼
　く。もう1玉も同様に焼く。
　それぞれ器に盛る。

2️⃣ ①のフライパンにひき肉、し
　ょうが、オイスターソース、
　しょうゆ、酒を入れてよく混
　ぜてから中火にかけ、肉がパ
　ラパラになるまで炒める。

3️⃣ 小松菜と長ねぎを加えて炒め、
　材料の水を加える。煮立った
　ら、水溶き片栗粉を加えてと
　ろみをつけ、①の中華めんに
　かける。
　😊 好みで粗びき黒こしょうをふる
　か、ラー油をかけてもいいですよ。

食材変え 小松菜 → チンゲン菜／豆苗／にら／もやし p73にも

オイスターソース ‥ ナンプラー ‥ 酒

えびのにんにく炒め

> オイスターソースと
> ナンプラーで
> エスニックな味に

材料(2人分)

えび	200g
┃ 酒	小さじ2
┃ 塩	少々
┃ 片栗粉	大さじ1
玉ねぎ	1個
にんにく	2片
ごま油	大さじ1
オイスターソース	
	小さじ2 ┐1
ナンプラー	**小さじ2** ┤1
酒	**小さじ2** ┘1
粉唐辛子(韓国産)	適量
(または一味唐辛子少々)	

下準備

● えびは片栗粉大さじ1(材料外)をまぶして水洗いする。尾とひと節を残して殻をむき、背わたを取り、ペーパータオルで水けをふく。

● 玉ねぎはくし形切りにする。

● にんにくはみじん切りにする。

作り方

① えびに酒と塩をもみ込み、片栗粉をまぶす。

② フライパンにごま油、にんにくを入れて中火で炒め、香りが出たらえびを加えて色が変わるまで炒める。

③ 玉ねぎ、オイスターソース、ナンプラー、酒を加え、蓋をして2〜3分蒸し焼きにする。蓋を取り、汁けを飛ばしながら炒める。器に盛り、粉唐辛子をふる。

食材変え　えび ➡ ほたて　玉ねぎ ➡ グリーンアスパラガス　p73にも

オイスターソース **1** ：しょうゆ **1** ：酒 **1** おかずの

食材変え・プラス・アレンジのアイデア

変える ➡ プラスする ➕
アレンジする ↺　　　　　　アドバイス

		変える ➡ プラスする ➕ アレンジする ↺	アドバイス
p68	豚肉と豆腐の オイスター煮	➡ 豚肉＆豆腐→豆腐 スナップえんどう→春菊 ／細ねぎ	豆腐だけで煮るのもシンプルでおいしいです。仕上げに、細ねぎをパラパラッと散らして、彩りを補ってくださいね。
p69	あじの 味つきフライ	➡ あじ→かじき／鶏むね肉／鶏ささみ肉／豚薄切り肉 ↺ パンにはさむ／卵とじにしてごはんにのせる	豚薄切り肉はオイスターソース、しょうゆ、酒で下味をつけたらひと口大に丸め、パン粉の衣をつけて揚げます。これもおいしいですよ。
p70	小松菜の そぼろ あんかけそば	➡ 中華蒸しめん→うどん／そうめん／ごはん／もち／豆腐ステーキ／厚揚げ　小松菜→グリーンアスパラガス ➕ パプリカ	
p72	えびの にんにく炒め	➡ えび→かじき／鶏むね肉	

73

さっぱり味の中国風味つけ割合

オイスターソース	しょうゆ	酢
1 :	**1** :	**1**

- オイスターソースの濃厚な味に、酢のさっぱり感が加わった味です。

- 酢が入りますが、酸味はあまりなく、酢の役割は隠し味程度。

- 酢が入る分だけ、p64の割合よりもさっぱりと仕上がります。

- オイスターソース味をさっぱり食べたいときに。

オイスターソース ‥ しょうゆ ‥ 酢

酸味のある
麻婆なすのような
一品です

なすとひき肉のピリ辛炒め

材料（2人分）

豚ひき肉	50 g
なす	3個
にんにく、しょうが	各½片
サラダ油	大さじ1
豆板醤	小さじ½
A オイスターソース	**小さじ2** ⌉1
しょうゆ	**小さじ2** ¦1
酢	**小さじ2** ⌋1
水	¼カップ
片栗粉	小さじ½
長ねぎ（みじん切り）	大さじ2

下準備

● なすは皮を縞目にむき、乱切りにする。
● にんにく、しょうがは、みじん切りにする。
● Aは混ぜ合わせる。

作り方

❶ フライパンになすを入れて油をまぶし、水大さじ1（材料外）を加え、蓋をして中火で蒸し焼きにする。なすがしんなりしたら取り出す。

❷ ❶のフライパンにひき肉と豆板醤を入れ、脂が透明になるまでしっかり炒める。

❸ にんにく、しょうがを加えて炒め、香りが出たらAを加えて煮立てる。なすを戻し入れて炒め合わせ、長ねぎを加えて混ぜる。

食材変え なす ➡ 長いも／ズッキーニ　p81にも

卵をのせると、もやし炒めが主菜になります

もやし炒め ふわ卵のせ

材料（2人分）

卵	3個
牛乳	大さじ3
片栗粉	大さじ1/2
塩、こしょう	各少々
もやし	1袋
細ねぎ	1束
A オイスターソース	**小さじ2** ⌉ 1
しょうゆ	**小さじ2** ⋮ 1
酢	**小さじ2** ⌋ 1
片栗粉	小さじ1/2
サラダ油	大さじ2

下準備

- ●牛乳、片栗粉、塩、こしょうを混ぜ、卵を割り入れて溶きほぐす。
- ●もやしはひげ根を取る。
- ●細ねぎは3〜4cm長さに切る。
- ●Aは混ぜ合わせる。

作り方

1 フライパンにもやしと細ねぎを入れ、油大さじ1を加えて軽く混ぜ、蓋をして強火にかける。チリチリと音がしてきたらAを加えて炒め、器に盛る。

2 ❶のフライパンをさっとふいて油大さじ1を強火で熱し、卵液を加えて大きく混ぜる。ふんわりとかたまって半熟状になったら、❶のもやし炒めにのせる。

😊 卵をふわとろに炒めるには、油がジュッ！というくらいまで十分に熱したところに入れるのがコツです。

食材変え 細ねぎ ➡ ピーマン／にら p81にも

照り焼きのような
味わいでコクが
あります

オイスターソース‥しょうゆ‥酢

れんこんの肉詰め焼き

材料(2人分)

豚ひき肉	100g
れんこん	100g
A 長ねぎ(みじん切り)	大さじ2
しょうが(みじん切り)	大さじ1½
酒、片栗粉	各大さじ½
片栗粉	大さじ1
ごま油	少々
水	½カップ
オイスターソース	**小さじ2**
しょうゆ	**小さじ2**
酢	**小さじ2**

下準備

● れんこんは1cm幅の輪切りにして、酢水(材料外)につけ、アクを抜く。

作り方

1. ひき肉にAを入れ、粘りが出るまで練る。

2. ラップを広げ、れんこんの水けをふいて1枚ずつ並べ、片栗粉をふる。①を等分にのせ、手で押して穴に詰め、残った分はれんこんの表面に平らにのせる。

3. フライパンにごま油を熱し、②の肉の面を下にして並べ入れ、こんがりと焼き色がつくまで中火で焼く。返して材料の水、オイスターソース、しょうゆ、酢を加え、フライパンをゆすりながら汁けがなくなるまでからめる(途中で一度裏返す)。

食材変え れんこん → ピーマン(輪切り)／生しいたけ

77

オイスターソース ‥ しょうゆ ‥ 酢

じゃがいもの オイスターきんぴら

いつものきんぴらが この味つけで 中国風に

材料(2人分)

じゃがいも ………………………… 1個
にんじん …………………………… 5cm
ごま油 ……………………………… 小さじ2
オイスターソース ……… **小さじ2** ⎤1
しょうゆ …………………… **小さじ2** ⎥:1
酢 ………………………… **小さじ2** ⎦:1
いりごま(白) ……………………… 少々

下準備

- じゃがいもは細切りにし、水にさらす。
- にんじんは、じゃがいもより少し細く切る。

作り方

1 フライパンにごま油、じゃがいも、にんじんを入れて軽く混ぜ、強めの中火でじゃがいもが透き通るまで炒める。

2 オイスターソース、しょうゆ、酢を加え、汁けを飛ばしながら炒める。器に盛り、ごまをふる。

食材変え じゃがいも&にんじん → ごぼう／れんこん／セロリ　p81にも

オイスターソースが
隠し味となり、
コクのある味に

にら卵チャーハン

材料(2人分)

ごはん(温かいもの) ……… 300g
卵白 ……………………… 1個分
卵 ………………………………… 1個
卵黄 ……………………………… 1個
マヨネーズ …………… 大さじ1
こしょう …………………… 少々
にら ……………………………… 1束
サラダ油 ………… 大さじ1½
オイスターソース
　………………… **小さじ2** 1
しょうゆ ………… **小さじ2** 1
酢 ………………… **小さじ2** 1

下準備

● ごはんに卵白1個分を混ぜる。
● 卵、卵黄、マヨネーズ、こしょうを混ぜ合わせる。
● にらは1cm幅に切る。

作り方

1 フライパンに油大さじ½を強火で熱し、卵液を流し入れ、大きく混ぜていり卵を作り、取り出す。

2 ❶のフライパンに油大さじ1を熱し、卵白を混ぜたごはんを入れ、パラパラになるまで強火で炒める。❶、にら、オイスターソース、しょうゆ、酢を加えて炒め合わせる。

ごはんと混ぜるのは卵白だけ！が我が家流。この方法なら
パラパラに炒められるうえ、卵の存在感もちゃんとあるチャーハンになります。

オイスターソース ∴ しょうゆ ∴ 酢 ＋ 練りごま ＋ 豆板醤

汁なし担々うどん

練りごまと豆板醤を
足すだけであの味に!

材料(2人分)

豚ひき肉 ──────── 150g

A オイスターソース
　　　────── 大さじ1 ┐1
　しょうゆ ──── 大さじ1 │1
　酢 ─────── 大さじ1 ┘1
　練りごま(白) ──── 大さじ1
　豆板醤 ──────── 小さじ½
冷凍うどん ───────── 2玉
豆苗 ──────────── 1袋
ラー油 ─────────── 適量

下準備

●豆苗は根元を切り、半分に切る。

作り方

1 フライパンにひき肉、Aを入れ
てよく混ぜてから中火にかけ、
肉がパラパラになるまで炒める。

2 うどんは熱湯でゆで、ゆで上が
る直前に豆苗を加えてひと混ぜ
する。いっしょにざるに上げて
水けをきり、器に盛る。

3 2に1をのせ、ラー油をかける。

食材変え 冷凍うどん ➡ 中華めん　p81にも

オイスターソース **1** ：しょうゆ **1** ：酢 **1** おかずの

食材変え・プラス・アレンジのアイデア

変える ➡ プラスする ＋
アレンジする ↻

アドバイス

		変える ➡ プラスする ＋ アレンジする ↻	アドバイス
p75	**なすとひき肉 のピリ辛炒め**	➡なす→豆腐/トマト/ ゆでカリフラワー	😊豆腐は麻婆豆腐のよう に角切りにしてから水きり を。トマトを使うなら、湯 むきし、くし形に切って使 いましょう。
p76	**もやし炒め ふわ卵のせ**	➡もやし＆細ねぎ→ゆ でブロッコリー ＋生しいたけ/にんじん /卵液にかに風味かまぼ こ/ほたて水煮缶	😊かに風味かまぼこを加 えると、かに卵のようにな りますね。
p78	**じゃがいもの オイスター きんぴら**	➡じゃがいも＆にんじん →長いも/たけのこ/ピ ーマン いりごま→七味 唐辛子 ＋豚薄切り肉/鶏むね 肉/焼き豚	😊豚肉や鶏肉を加えるな ら、細切りにして、野菜よ り先に炒めてください。
p80	**汁なし 担々うどん**	↻肉そぼろをごはんに 混ぜる/卵焼きに加える /チャーハンの具にする /電子レンジで加熱した じゃがいもやかぼちゃと 合わせる	😊じゃがいもやかぼちゃと 合わせるアレンジは、肉そ ぼろを、電子レンジで加熱 したじゃがいもやかぼちゃ にかけるだけ。あっという 間にできるおかずです！ 水を少し足してそぼろ煮 にしてもいいですよ。

韓国風の味つけの基本となる割合

コチュジャン　　**しょうゆ**　　**はちみつ**

1 : 1 : 1

- 辛くて甘いコチュジャンがベースのこってりした味。

- 甘みと辛みにしょうゆの塩みが加わり、
味が締まります。

- はちみつの効果で、おいしそうな照りが出ます。

- 甘くて辛い韓国風の料理に。

豚キムチチゲ

韓国の人気の鍋も3つの調味料で作れます!

材料(2人分)

豚肩ロース肉(1cm厚さ)		2枚
A	コチュジャン	**大さじ1** 1
	しょうゆ	**大さじ1** 1
	はちみつ	**大さじ1** 1
	粉唐辛子(韓国産)	大さじ1〜2
	(または一味唐辛子少々)	
	長ねぎ(みじん切り)	大さじ2
	にんにく(みじん切り)	大さじ1
	すりごま(白)	大さじ1
	ごま油	大さじ1
木綿豆腐		1/2丁(150g)
キムチ		100g
えのきたけ		1袋
生しいたけ		3枚
玉ねぎ		1/2個
春菊		1/2束
鶏がらスープ(顆粒)		小さじ1
水		2カップ

下準備

●豚肉は筋切りし、握りこぶしで叩いてやわらかくし、ひと口大に切り、Aをもみ込む。
●豆腐は6等分に切る。
●キムチはざく切りにする。
●えのきたけは半分に切ってほぐす。
●しいたけは軸を切り、半分にそぎ切りにする。
●玉ねぎはくし形切りにする。
●春菊は葉を摘む。

作り方

鍋に豆腐、キムチ、きのこ、野菜を入れ、鶏がらスープをふり入れる。豚肉をのせ、材料の水を注いで中火にかけ、豚肉に火が通るまで煮る。

食材変え 豚肩ロース肉 ➡ 豚切り落とし肉　春菊 ➡ にら　p89にも

83

コチュジャン ‥ しょうゆ ‥ はちみつ

たらとじゃがいもの
ピリ辛煮

辛くて甘い
韓国風の煮ものが、
この割合で作れます

材料(2人分)

生だら(切り身) ······················ 2切れ
A | **コチュジャン ‥‥ 大さじ1** ⌉ 1
　 | **しょうゆ ‥‥‥‥ 大さじ1** | 1
　 | **はちみつ ‥‥‥‥ 大さじ1** ⌋ 1
　 | 長ねぎ(みじん切り)
　 | ······················ 大さじ1
　 | にんにく、しょうが
　 | (各みじん切り) ····· 各小さじ1
　 | すりごま(白) ··········· 小さじ1
　 | ごま油 ··············· 大さじ½
じゃがいも ······················ 2個
しめじ ······················ ½パック
長ねぎ ······················ ⅓本

下準備

● たらは半分に切り、Aをからめる。
● じゃがいもは1cm幅に切り、水に
　さらす。
● しめじは小房に分ける。
● 長ねぎは1cm幅の斜め切りにする。

作り方

1 フライパンにじゃがいもを並べ、
　水¾カップ(材料外)を加えて
　蓋をし、中火で5分煮る。

2 たらを調味液ごとのせ、そのま
　わりにしめじ、長ねぎを加える。
　アルミ箔の落とし蓋をして10
　分ほど煮る。

食材変え　生だら → さわら/たい　じゃがいも → 大根　p89にも

韓国風から揚げ

> 甘辛だれをからめたら
> 韓国の人気料理
> ヤンニョムチキンに

材料(2人分)

鶏もも肉 ……………………………… 1枚
  塩 ……………………………… 小さじ¼
  こしょう ……………………………… 少々
  片栗粉 ……………………………… 大さじ1½
かぼちゃ ……………………………… 150g
パプリカ (赤) ……………………………… ½個
A｜コチュジャン ‥‥ **大さじ1**｜1
  ｜**しょうゆ** ‥‥ **大さじ1**｜1
  ｜**はちみつ** ‥‥ **大さじ1**｜1
  長ねぎ(みじん切り) ‥‥ 大さじ1
  にんにく、しょうが
    (各みじん切り) ‥‥ 各小さじ1
揚げ油 ……………………………… 適量

下準備

● 鶏肉はひと口大に切り、塩、こしょうをもみ込み、片栗粉をまぶす。
● かぼちゃは1cm幅に切る。
● パプリカはひと口大に切る。
● 大きめのボウルにAを混ぜる。

作り方

1. 揚げ油を160℃に熱し、かぼちゃを火が通るまで揚げ、パプリカも加えてさっと揚げる。油の温度を170℃に上げ、鶏肉を揚げる。取り出して2〜3分おき、180℃でもう一度揚げる。

2. Aに鶏肉を加えてあえてから、かぼちゃとパプリカを加えて、ざっくり混ぜる。

食材変え 鶏もも肉 ➡ 鶏手羽中肉／鶏手羽元肉／鶏むね肉 p89にも

手羽先の甘辛煮

材料(2人分)

鶏手羽先肉 ································ 8本
| しょうゆ ····························· 小さじ1
しょうが ····························· 1片
ごま油 ······························· 大さじ1/2
水 ··································· 1/2カップ
コチュジャン ·············· **小さじ2** ⎤1
しょうゆ ·················· **小さじ2** ⎬1
はちみつ ·················· **小さじ2** ⎦1
いりごま(白) ····················· 適量

下準備

● 鶏手羽先肉の先端をキッチンバサミで切り落とし、しょうゆをからめる。
● しょうがは薄切りにする。

作り方

1 フライパンにごま油を熱し、しょうが、鶏肉を入れ、中火で焼き色がつくまで焼く。

2 材料の水を加え、蓋をして弱めの中火で15分煮る。コチュジャン、しょうゆ、はちみつを加え、汁けがなくなるまで煮詰める。器に盛り、ごまをふる。

😊 冷蔵庫で3〜4日保存可能ですよ。

> たれを煮からめて照りよく仕上げる煮ものです

86 食材変え 鶏手羽先肉 ➡ 鶏もも肉 p89にも

甘辛だれをからめて
焼くと、香ばしさも
プラス！

スペアリブのピリ辛焼き

材料（作りやすい分量）

豚スペアリブ ····· 500〜600g
玉ねぎ ································· 1個
A｜にんにく（すりおろし）
　　······································ 1片
　｜**コチュジャン**
　　　　　　大さじ2｜1
　｜**しょうゆ** ··· **大さじ2**｜：1
　｜**はちみつ** ··· **大さじ2**｜：1

下準備

- 玉ねぎは6等分のくし形切りにする。
- 大きめのボウルにAを混ぜる。
- オーブンを220℃に予熱する。

作り方

①　天板にオーブンシートを敷いて豚スペアリブをのせ、220℃のオーブンで20分焼く。

②　①の脂をペーパータオルでしっかりふき取り、Aを混ぜたボウルに加えてからめる。①の天板に出た脂をふき取って、豚スペアリブを並べる。

③　玉ねぎを②のボウルに入れて残ったたれをからめ、②の天板にのせる。180℃のオーブンで10分焼き、返してたれをからめ、さらに10分焼く。

　😊 玉ねぎを取り除いて冷凍もできるので、どうせなら多めに作りましょう！

食材プラス ➕ 皮つきにんにく／ズッキーニ／パプリカ／れんこん／長いも

ピリ辛野菜炒め

おなじみの
炒めものが韓国風
に早変わり

材料(2人分)

豚薄切り肉 ……………… 150g
コチュジャン … 小さじ1 ┐1
しょうゆ ……… 小さじ1 ┊1
はちみつ ……… 小さじ1 ┘1
片栗粉 ………………… 小さじ2
ごま油 ………………… 大さじ½
もやし …………………… 1袋
にら ……………………… 1束
A｜コチュジャン
　　 ………… 小さじ1 ┐1
　｜しょうゆ …… 小さじ1 ┊1
　｜はちみつ …… 小さじ1 ┘1
サラダ油 ……………… 大さじ½

下準備

●豚肉はひと口大に切る。コチュジャン、しょうゆ、はちみつをもみ込み、片栗粉をまぶし、ごま油をかけてほぐす。
●もやしはひげ根を取る。
●にらは3cm長さに切る。
●Aは混ぜ合わせる。

作り方

1 フライパンに油を入れて熱し、豚肉を広げ入れ、両面を中火で焼く。もやしとにらを加え、蓋をして1〜2分蒸し焼きにする。

2 Aを加え、全体に大きく混ぜる。

食材変え　もやし&にら → キャベツ　p89にも

コチュジャン **1** ：しょうゆ **1** ：はちみつ **1** おかずの

食材変え・プラス・アレンジのアイデア

変える ➡　プラスする ➕
アレンジする ↻　　　　　　　　アドバイス

		変える ➡ プラスする ➕ アレンジする ↻	アドバイス
p83	豚キムチチゲ	➡ 豚肩ロース肉→鶏もも肉　春菊→せり　玉ねぎ→長ねぎ	
p84	たらとじゃがいものピリ辛煮	➡ 生だら&じゃがいも→さんま&大根／さば&大根	😊 生だらを青背の魚に変えてもおいしいですが、その場合、組み合わせる野菜はじゃがいもよりも大根がおすすめです。
p85	韓国風から揚げ	➡ 鶏もも肉→市販のから揚げ　かぼちゃ→ズッキーニ ➕ レモン	😊 レモンは、食べるときに好みで絞りましょう。さっぱりしますよ。
p86	手羽先の甘辛煮	➕ ごぼう／長ねぎ／にんにく ↻ 鶏手羽先肉を骨からはずしてきゅうりやキャベツとあえる／もやしや卵と合わせてスープにする／ごはんに混ぜる／チャーハンの具にする	😊 鶏肉といっしょにごぼうや長ねぎ、にんにくを炒めてもおいしいです。ごぼうと長ねぎは4cm長さくらいに切り、にんにくは皮をむいて丸ごとでOK。アレンジのアイデアは、2本だけ残ったというようなときにご活用ください。それだけではおかずになりにくいですが、別の料理に混ぜれば立派な一品になりますよ。
p88	ピリ辛野菜炒め	↻ 豆腐にのせる／焼きそばの具にする／春巻きの皮で包んで揚げる	😊 春巻きにアレンジするときは、水分が多いと皮が破れるので、ざるに上げて水けをしっかりきり、冷めてから包みましょう。

甘くて辛いコチュジャン酢みそ

コチュジャン	酢	砂糖
1 :	**1** :	**1**

● 甘くて辛いこってり味が、
酢でさっぱり食べられる味つけ割合です。

● つけたり、かけたり、あえたりに使う、
韓国版酢みそです。韓国では、このたれを
刺身につけて食べます。

● 韓国料理のあえものや、たれに。
チヂミや餃子のたれにもおすすめです。

冷しゃぶサラダ

> おなじみの
> 冷しゃぶが一気に
> 韓国風にさまがわり

材料(2人分)

豚薄切り肉（しゃぶしゃぶ用）
‥‥‥‥‥‥‥‥‥‥ 200g

きゅうり ‥‥‥‥‥‥‥‥ 1本

コチュジャン ‥‥‥ **大さじ2** ⎤1

酢 ‥‥‥‥‥‥‥‥ **大さじ2** ⎟1

砂糖 ‥‥‥‥‥‥ **大さじ2** ⎦1

下準備

● きゅうりはピーラーでリボン
状に削る。

● コチュジャン、酢、砂糖を混
ぜ合わせてたれを作る。

作り方

1 鍋に4カップの湯を沸かし、火を
止め、塩小さじ1½と酒大さじ1
（各材料外）を加える。豚肉を入れ
て菜箸で手早くほぐし、肉の色が
変わったらざるに上げる。表面に
ラップをかぶせて乾かないように
し、保冷剤をのせて冷やす。

😊 沸騰した湯でゆでると肉がかたくな
るのでご注意。ゆで上がったら水にとら
ないのもポイントです。

2 器にきゅうりを敷き、豚肉を盛り、
たれをかける。

食材変え 豚薄切り肉 ➡ 鶏むね肉／鶏ささみ肉／牛薄切り肉

p97にも

白身魚の刺身
コチュ酢みそがけ

> コチュ酢みそは
> あえてもつけてもOK。
> 万能だれです

材料(2人分)

白身魚 (たいなど。刺身用) ····· 150g
細ねぎ ································ 4〜5本
しょうが ····························· 1片
コチュジャン ············· **大さじ1** ⎤ 1
酢 ································ **大さじ1** ⎬ 1
砂糖 ····························· **大さじ1** ⎦ 1

下準備

- 白身魚はそぎ切りにする。
- 細ねぎは3cm長さに切る。
- しょうがはせん切りにする。

作り方

器に白身魚を盛り、細ねぎとしょうがを混ぜて添える。コチュジャン、酢、砂糖を混ぜ合わせてかける。

食材変え たい ➡ いさき／すずき／ひらめ／いか

かつおのサラダ

材料(2人分)

かつお(刺身用) ………………… 150g
| しょうゆ …………………… 大さじ½
新玉ねぎ(またはサラダ玉ねぎ)
………………………………… ½個
A | コチュジャン ……… 大さじ1 ⌐1
 | 酢 ……………………… 大さじ1 ¦1
 | 砂糖 ………………… 大さじ1 ⌐1
青じそ …………………………… 5〜6枚

下準備

● かつおは1cm幅に切り、しょうゆをからめ、ざるに上げて汁けをきる。
● 玉ねぎは繊維を断つ方向に薄切りにし、水にさらして水けをきる。
● Aは混ぜ合わせる。

作り方

かつお、玉ねぎを合わせ、青じそをちぎり入れ、Aであえる。

> 甘辛いたれは、
> あえ衣としても
> 使えます

食材変え かつお → ほたて貝柱／ゆでだこ／あじ(刺身用) p97にも

93

コチュジャン トマト冷や奴

トマトで酸味をプラス。甘辛味とよく合います

材料(2人分)

絹ごし豆腐	1丁(300g)
トマト	½個
わかめ(戻したもの)	50g
A コチュジャン	**大さじ1**
酢	**大さじ1**
砂糖	**大さじ1**
長ねぎ(みじん切り)	大さじ½
にんにく、しょうが(各みじん切り)	各小さじ½

下準備

- 豆腐は食べやすい大きさに切る。
- トマトは1cm角に切る。
- わかめはざく切りにする。

作り方

1 トマトにAを加えて混ぜる。

2 器にわかめを敷いて豆腐を盛り、❶をかける。

食材プラス ➕ すりごま／仕上げに松の実 p97にも

焼きキャベツの コチュ酢みそがけ

> 和食の酢みそと同じように野菜にかけるとおいしい

材料(2人分)

キャベツ	小1/2個
コチュジャン	**大さじ1**
酢	**大さじ1**
砂糖	**大さじ1**

下準備

● キャベツは芯をつけたまま、くし形切りにする。

作り方

1. コチュジャン、酢、砂糖を混ぜ合わせる。

2. フライパンにキャベツを並べ、蓋をして中火にかけ、両面をこんがりと焼く。器に盛り、❶をかける。
😊 キャベツは焼かずに電子レンジで加熱してもOKです。

食材変え キャベツ ➡ ゆでたいか／玉ねぎ／長ねぎ／かぶ／れんこん p97にも

コチュジャン ‥ 酢 ‥ 砂糖

ぶっかけうどん 温玉のせ

あえめんの
たれとしての使い方も
できます

材料(2人分)

冷凍うどん	2玉
レタス	¼個
ミニトマト	5〜6個
コチュジャン	**大さじ2** ⎫ 1
酢	**大さじ2** ⎬ 1
砂糖	**大さじ2** ⎭ 1
温泉卵(市販)	2個

下準備

● レタスは、1cm幅の細切りに
　する。
● ミニトマトは半分に切る。

作り方

① うどんは熱湯でゆで、冷水にとる。
　ざるに上げ、水けをきる。

② ❶にコチュジャン、酢、砂糖を加
　えて混ぜ、レタスとトマトを加え
　て混ぜ合わせる。器に盛り、温泉
　卵をのせる。

食材変え うどん ➡ そうめん／冷めん／中華めん p97にも

コチュジャン **1** : 酢 **1** : 砂糖 **1** おかずの

食材変え・プラス・アレンジのアイデア

		変える ➡️ プラスする ➕ アレンジする 🔄	アドバイス
p91	冷しゃぶ サラダ	➡️豚薄切り肉→いか/え び/ほたて貝柱　きゅうり →わかめ/大根/もやし 🔄そうめんやうどん、中 華めんなど冷たいめんに のせる	😊大根はピーラーで削る かせん切りに。もやしは電 子レンジで加熱し、冷しゃ ぶといっしょに盛り合わせ てください。めんにのせる ときは、きゅうりはせん切 りにしたほうが食べやすい ですね。
p93	かつおの サラダ	➡️青じそ→春菊/細ねぎ /スプラウト/えごまの葉	
p94	コチュジャン トマト冷や奴	➡️豆腐→かじきのソテー 🔄トマト入りコチュジャン だれをそうめんにかける	
p95	焼きキャベツ のコチュ 酢みそがけ	➡️キャベツ→セロリ/き のこ 🔄電子レンジで加熱した キャベツをコチュ酢みそで あえる	😊セロリは生でもかまい ませんが、電子レンジで 加熱したり、スープ煮に したりしたものもおいしい です。キャベツをあえる場合 は、マヨネーズを少し混 ぜると味が決まります。
p96	ぶっかけ うどん 温玉のせ	➡️レタス→パプリカ/ス プラウト/水菜/きゅうり /ベビーリーフ ➕冷しゃぶ/蒸し鶏/た れに薬味	😊たれに長ねぎ、しょう がなどをみじん切りにして 加えてもいいですよ。好み の薬味でどうぞ。

ドレッシングに便利な割合です

しょうゆ　　　　　酢　　　　　　　油

1 : 1 : 1

- 使う油によって、和風、洋風、中国風の味が作れます。

- 和風ならサラダ油やごま油。洋風ならオリーブ油。
  中国風ならごま油を。

- サラダのドレッシングとして使うほか、あえものにも。

- しょうがのすりおろし、玉ねぎのみじん切り、
  粒マスタード、ゆずこしょう、わさび、
  ゆずの皮などを足すと味に変化がつきます。

- 香味野菜を足して、冷や奴などのたれにも便利です。

切り干し大根と 水菜のサラダ

> しょうゆ味だから 和風のサラダとの 相性はばっちり

材料(2人分)

切り干し大根（乾燥）
.... 20g
水菜 1株
しょうゆ …… 小さじ2 ⎤ 1
酢 …………… 小さじ2 ⎥ 1
サラダ油 …… 小さじ2 ⎦ 1

下準備

●切り干し大根は水でよくもみ洗いし、絞らずにざるに上げてそのまま4〜5分おく。

🔆 切り干し大根はたっぷりの水で戻すと大根の甘い汁が流れ出てしまうので、洗うだけ！ しばらくおいて表面についた水分をしみ込ませます。

●水菜は3cm長さに切る。

●しょうゆ、酢、サラダ油は混ぜ合わせ、ドレッシングを作る。

作り方

切り干し大根を食べやすく切り、ドレッシングであえる。水菜を加えて混ぜ、器に盛る。

食材プラス ➕ かに風味かまぼこ／ハム／焼きのり／桜えび

p104にも

温野菜サラダにも
よく合う
ドレッシングです

ローストビーフサラダ

材料(2人分)

牛ももかたまり肉 ……… 200g
｜塩、こしょう ……… 各少々
クレソン ……………………… 1束
サラダ油 …………………… 少々
赤ワイン ………………… 大さじ2
A｜しょうゆ
　　　　　　… 小さじ2 ｜1
　酢　　　　… 小さじ2 ｜1
　オリーブ油
　　　　　　… 小さじ2 ｜1
　玉ねぎ (すりおろし)
　　　　　　……… 大さじ1
　粒マスタード
　　　　　　……… 大さじ1

下準備

● 牛肉は焼く20分前に冷蔵庫から出す。塩、こしょうをふり、さらに10分ほどおく。
● クレソンはざく切りにする。
● Aは混ぜ合わせ、ドレッシングを作る。

作り方

1. フライパンに油を熱し、牛肉の両面を強火でこんがりと焼く。赤ワインを加え、蓋をして2〜3分蒸し焼きにする。火を止めて、蓋をしたまま人肌まで冷ます。

2. 牛肉は薄切りにし、肉汁はドレッシングに加えて混ぜる。牛肉をドレッシングであえ、クレソンも加えて混ぜる。

牛肉は大きなかたまりでなくても、ランプ肉のステーキ用などで十分。焼くのも楽ですしね。

いんげんと にんじんのサラダ

材料(2人分)

さやいんげん	100g
にんじん	4cm
しょうゆ	**小さじ2** ⎤1
酢	**小さじ2** ⎟∴1
サラダ油	**小さじ2** ⎦1
削り節	1袋(3g)

下準備

● さやいんげんは2〜3等分に切る。
● にんじんは、さやいんげんと同じ くらいの棒状に切る。
● しょうゆ、酢、サラダ油は混ぜ合 わせ、ドレッシングを作る。

作り方

1. 鍋に湯を沸かし、さやい んげんを2分ほどゆでる。 にんじんを加え、さらに 1〜2分ゆでていっしょ にざるに上げ、冷ます。

2. ❶をドレッシングであえ、 削り節を加えて混ぜ合わ せる。

削り節を加えることで 風味がアップします

食材プラス ➕ 木の芽 (春に)／ゆずの皮 (冬に)／玉ねぎ

ほうれん草と卵のサラダ

油をごま油にすれば
一気に中国風に

材料(2人分)

ほうれん草	1束
トマト	1個
卵	1個
┌ マヨネーズ	大さじ½
└ 塩、こしょう	各少々

A
しょうゆ	小さじ2	1
酢	小さじ2	1
ごま油	小さじ2	1
しょうが(すりおろし)		少々

サラダ油 ………………… 少々

下準備

- ●ほうれん草は3cm長さに切る。
- ●トマトは半月切りにする。
- ●卵、マヨネーズ、塩、こしょうを混ぜ合わせる。
- ●Aを混ぜ合わせ、ドレッシングを作る。

作り方

1. 鍋に湯を沸かし、ほうれん草の軸を入れ、再び煮立ったら葉も加えてゆでる。冷水にとり、水けを絞る。

2. フライパンに油を中火で熱し、卵液を流し入れ、菜箸で大きく混ぜ、ふんわりとしたいり卵を作る。

3. ほうれん草、いり卵をドレッシングであえる。器に盛り、トマトを飾る。

食材変え ほうれん草 → 小松菜／春菊／キャベツ／菜の花 p104にも

しょうゆ ‥‥ 酢 ‥‥ ごま油

韓国風のサラダも
この割合で作れます

焼き肉サラダ

材料(2人分)

牛肉(焼き肉用) ‥‥‥‥‥‥ 100g
| 焼き肉のたれ(市販)
| ‥‥‥‥‥‥‥‥‥ 小さじ2
せり ‥‥‥‥‥‥‥‥‥‥‥ ½束
もやし ‥‥‥‥‥‥‥‥‥‥ ½袋
A | しょうゆ ‥‥ 小さじ2 ┐1
　| 酢 ‥‥‥‥‥ 小さじ2 │ :1
　| ごま油 ‥‥‥ 小さじ2 ┘1
ごま油 ‥‥‥‥‥‥‥‥‥‥ 少々
塩、こしょう ‥‥‥‥‥‥ 各少々
粉唐辛子(韓国産) ‥‥‥‥‥ 適量
　(または一味唐辛子少々)

下準備

● 牛肉に焼き肉のたれをもみ込む。
● せりは3cm長さに切る。
● もやしはひげ根を取る。
● Aを混ぜ合わせ、ドレッシングを作る。

作り方

1 フライパンにごま油を熱し、牛肉を中火で焼き、細切りにする。

2 耐熱容器にもやしを入れて、塩、こしょうをふり、ラップをかぶせて電子レンジで1分加熱する。ざるに広げて冷ます。

3 牛肉ともやし、せりをドレッシングであえる。器に盛って、粉唐辛子をふる。

食材変え 牛肉 → 焼き豚　せり → 三つ葉／春菊　p104にも

103

しょうゆ **1** ：酢 **1** ：油 **1** おかずの

食材変え・プラスのアイデア

		変える ➡　プラスする ➕	アドバイス
p99	切り干し大根と水菜のサラダ	➕しらす干し／いりごま／松の実／みかんの皮／ゆずの皮／スプラウト	😊香りや食感のよいものを足すと、よりおいしくなります。ここがセンスの見せどころなので、好みのものを足してみてくださいね。
p102	ほうれん草と卵のサラダ	➡ほうれん草→ピーマン＆もやし	😊ピーマンはせん切りにしてもやしと合わせ、電子レンジで加熱しましょう。これをドレッシングであえます。
p103	焼き肉サラダ	➕つきこんにゃく(しらたきよりも太いひも状のこんにゃく)／薄焼き卵　ドレッシングにしょうがのみじん切り／にんにくのみじん切り／すりごま	😊つきこんにゃくはゆでてアクを抜き、からいりしてから使ってください。薄焼き卵は細切りにしていっしょにあえますが、肉汁やドレッシングとからんで、うまくまとめてくれるんですよ。

104

1:1
で
作れるおかず

しょうゆ　　　　　砂糖

1 : **1**

● 甘さとしょっぱさのバランスが取れた甘辛味です。

● p8の割合との違いは酒なので、
酒の効果（臭みを消す、うまみを加える、風味が増す、
やわらかくするなど）をあまり必要としない料理に。

● あえものなど、水分が必要ない料理のときに。

豚のしょうが焼き

> 不動の人気おかずの
> 味つけはこれで
> かんぺき！

材料(2人分)

豚肉(しょうが焼き用) … 200g
A | **しょうゆ** … **大さじ1** ⎤ 1
　| **砂糖** …… **大さじ1** ⎦ ∶1
　| しょうが (すりおろし)
　| ………………… 大さじ½
　| マヨネーズ … 大さじ1
　| 片栗粉 ………… 大さじ2
　| サラダ油 …… 大さじ1
玉ねぎ ……………………… ½個
ピーマン ……………………… 1個
塩、こしょう ……… 各少々

下準備

- ●ボウルにAを混ぜ、豚肉を1枚広げ入れ、からめて返す。残りの豚肉も同様にし、1枚ずつ調味液をからめる。
- ●玉ねぎは繊維を断つ方向に1cm幅に切る。
- ●ピーマンは横に1cm幅に切る。

作り方

1 フライパンを熱し、豚肉を広げて入れ、中火で両面を焼いて取り出す。
　😊 広げて入れたら、炒めずに焼きつけます。卵の役割を果たすマヨネーズと片栗粉を混ぜているから、肉がふっくらするんですよ。

2 ❶のフライパンに玉ねぎとピーマンを入れて中火で炒め、塩、こしょうをふる。器に盛り、❶をのせる。

食材変え　玉ねぎ＆ピーマン ➡ もやし＆にら／生しいたけ／エリンギ　p115にも

しょうゆ ‥ 砂糖

人気の照り焼き味。
甘辛だれは
この割合です

鶏の照り焼き

材料(2人分)

鶏もも肉 ·· 1枚
しょうゆ ························· **大さじ2** ⎤ 1
砂糖 ······························· **大さじ2** ⎦ ∶ 1
しょうが汁 ······························ 小さじ1
長ねぎ ·· ½本
エリンギ ··································· 1パック

下準備

● 鶏肉は余分な脂肪を取り、ポリ
袋に入れる。しょうゆ、砂糖、
しょうが汁を加え、空気を抜い
て口をしばり、常温で1時間以
上おく(一晩おくときは冷蔵庫へ入
れる)。
● 長ねぎは4cm長さに切る。
● エリンギは長さを半分に切り、
四つ割りにする。

作り方

1 オーブントースターの天板にア
ルミ箔を敷き、鶏肉の皮目を上
にして置く。空いているところ
に長ねぎ、エリンギをのせる。
オーブントースターで10分ほ
ど焼く(途中で焦げそうになったら、
アルミ箔をかぶせる)。

2 天板ごと取り出し、鶏肉を返し
て皮目に焼き汁をからめる。も
う一度返して皮目を上にし、
10分ほどおく。食べやすい大
きさに切って器に盛り、長ねぎ
とエリンギを添える。

😊 焼きあがったら一度返すのは、皮
の表面にツヤを出すためです。

😊 しょうゆ2：はちみつ1で作る照り焼きもおすすめです。その場合、
しょうが汁はいりませんよ。しっとり仕上がって我が家の人気おかずです。

ほうれん草のごまあえ

材料 (2人分)

ほうれん草 ……………………… 1束
しょうゆ …………… **小さじ2** ⎤ 1
砂糖 ………………… **小さじ2** ⎦ 1
すりごま (黒) ……………… 大さじ1

下準備

●ほうれん草は3㎝長さに切る。

作り方

① 鍋に湯を沸かし、ほうれん草の軸を入れ、再び煮立ったら葉も加えてゆでる。冷水にとり、水けを絞る。

② ボウルにしょうゆ、砂糖、ごまを入れ、❶をもう一度絞ってほぐして加え、あえる。

> ごまあえ衣は
> 調味料2つを
> 合わせるだけでOK

食材変え ほうれん草 → 小松菜／春菊／さやいんげん ┌ p115にも

ごぼうのきんぴら

定番おかずの
味つけも
これで迷いなし!

材料(2人分)

ごぼう ……………………… 100g
にんじん …………………… 4㎝
サラダ油 …………………… 大さじ1
しょうゆ ……… 小さじ2 ⌉ 1
砂糖 ……………… 小さじ2 ⌋ 1
水 …………………………… 大さじ2
削り節 ……………………… 1袋(3g)
七味唐辛子(好みで)

下準備

● ごぼうは斜め薄切りにし、ずらして並べ、
  せん切りにする。
● にんじんはせん切りにする。

作り方

1 フライパンに油、ごぼう、にんじんを
  入れて混ぜてから中火にかけ、1〜2
  分炒める。

2 しょうゆ、砂糖、材料の水を加えて、
  汁けがなくなるまで炒め、削り節を加
  えて混ぜる。器に盛り、七味唐辛子を
  ふる。

食材変え ごぼう&にんじん → れんこん/えのきたけ&しらたき   p115にも

111

複雑に思える煮豚の
味つけも実は1：1！

112

煮豚

材料（作りやすい分量）

豚肩ロースかたまり肉
················· 400〜500g
しょうゆ ········· **大さじ3** ⎤ 1
砂糖 ············· **大さじ3** ⎦ 1
長ねぎ（青い部分）、しょうがの皮
························· 各適量
水 ··················· 1カップ
ゆで卵（半熟）············· 2個
片栗粉 ················ 小さじ1
水 ··················· 大さじ1

下準備

● ポリ袋に豚肉、砂糖を入れ、砂糖が溶けるまでもみ、しょうゆを加える。空気を抜いて口をしばり、冷蔵庫で1日おく。煮る30分ほど前に冷蔵庫から出す。
● 片栗粉と水を混ぜ、水溶き片栗粉を作る。

作り方

① 鍋（なるべく肉がぴったりおさまる大きさのもの）に豚肉を調味液ごと入れ、長ねぎ、しょうがの皮、材料の水を加えて火にかける。沸騰したら蓋をし、弱火で30〜40分、途中で2〜3回返しながら煮る。火を止め、蓋をしたまま人肌まで冷ます。

② ①の煮汁をこして小さめのフライパンに入れ、ゆで卵を加え、転がしながらまわりが茶色くなるまで中火で煮て、取り出す。

③ 残った煮汁を煮立てて煮詰め、水溶き片栗粉を様子を見ながら加え、ゆるくとろみをつける。

④ 豚肉は薄く切り、卵は半分に切る。器に盛り合わせて、❸をかける。

 煮豚はアレンジの幅が広く、残った煮汁も活用できます。詳しくはp115に。

焼き肉

香味野菜を足して
焼き肉の下味に

材料（2人分）

牛肉（焼き肉用）................ 150g

A | しょうゆ .... **大さじ1**〕1
  | 砂糖 .... **大さじ1**〕1
  | 長ねぎ（みじん切り）... 大さじ1
  | すりごま（白）......... 大さじ1
  | ごま油 .... 大さじ½

豚肉（焼き肉用）................ 150g

B | しょうゆ .... **大さじ1**〕1
  | 砂糖 .... **大さじ1**〕1
  | にんにく、しょうが
  | （各すりおろし）........ 各少々
  | ごま油 .... 大さじ½

キムチ .... 適量
好みの野菜（サンチュ、
　グリーンリーフ、青じそなど）

下準備

● 牛肉にAの砂糖をもみ込み、残り
　のAを加えて混ぜる。
● 豚肉にBの砂糖をもみ込み、残り
　のBを加えて混ぜる。

作り方

1 フライパンを熱し、牛肉と豚肉
　を強めの中火で焼く。空いてい
　るところにキムチも加え、いっ
　しょに焼く。

2 器に牛肉と豚肉、キムチ、好み
　の野菜を盛り合わせる。野菜に
　肉とキムチをのせて、包んで食
　べる。

ナムル、大根やもやしの甘酢漬けがあれば、ぜひこれもいっしょに包んで召し上がれ。

食材変え・プラス・アレンジのアイデア

変える ➡　プラスする ➕
アレンジする 🔄

アドバイス

p107	豚の しょうが焼き	➡ 豚肉→鶏むね肉　玉ねぎ→長ねぎ	😊 鶏むね肉は皮を取って大きめのそぎ切りにします。なるべく断面が大きくなるように切りましょう。
p110	ほうれん草 のごまあえ	➡ ほうれん草→白菜／キャベツ　すりごま(黒)→すりごま(白) ➕ しめじ／にんじん	😊 しめじは酒少々をふって電子レンジで加熱し、いっしょにあえましょう。にんじんを加えるなら、ほうれん草をゆでる湯で先にゆでるか、電子レンジで加熱を。野菜は2〜3種ミックスするのもおすすめですよ。
p111	ごぼうの きんぴら	➡ ごぼう&にんじん→大根の皮／うどの皮／たけのこのかたい部分 ➕ 豚こま切れ肉／牛こま切れ肉／しらたき	😊 大根の皮は、ふろふき大根などを作るときに厚くむいたものの活用法としておすすめです。たけのこは薄切りにしてから、ごくごく細く切りましょう。
p112	煮豚	🔄 サンドイッチの具にする／ラーメンのトッピングにする／チャーハンの具にする／煮汁でひき肉を炒めて肉そぼろを作る／さといもを煮る	😊 サンドイッチはきゅうりやポテトサラダといっしょにはさむとおいしいです。煮汁でさといもを煮るときは、さといもを皮ごと電子レンジで加熱し、皮をむいて煮汁とからめるだけです。煮汁も捨てずに有効活用してくださいね。

ほんのり甘いしょうゆ味

しょうゆ　　　　**みりん**

1 : 1

- しょうゆの角が取れた、まろやかな味。

- p106の割合よりも甘みを控えたいときに。

- 食材自体に甘みがあるときに。

- p106の割合よりも水分量が多いので、
  かたい野菜など火が通りにくい食材を炒めるときに。

野菜の揚げびたし

> 1:1の割合に
> だし汁を加えて
> 漬け地にします

材料(2人分)

かぼちゃ	150g
なす	1個
オクラ	4本
赤唐辛子	1本
薄口しょうゆ	**大さじ2** 〕1
みりん	**大さじ2** 〕1
だし汁	大さじ1
揚げ油	適量

下準備

- かぼちゃは1.5cm厚さに切る。
- なすは縦半分に切り、2cm幅の斜め切りにする。
- オクラは斜め半分に切る。
- 赤唐辛子は種を取る。

作り方

1. バットに薄口しょうゆ、みりん、だし汁を合わせ、赤唐辛子を加える。

2. 揚げ油を中火にかけ、ぬるいうちにかぼちゃを入れる。180℃になったらなすを加え、なすに火が通ったらオクラを加えてさっと揚げる。油をきって❶に漬ける。

食材変え　かぼちゃ&なす&オクラ → さやいんげん／パプリカ　p123にも

117

しょうゆ ∴ みりん

切り干し大根の煮もの

切り干し大根の甘みを生かしてみりんを使います

材料（作りやすい分量）

切り干し大根（乾燥）
　————— 40g
にんじん ————— 3cm
油揚げ ————— 1枚
サラダ油 ——— 大さじ½
だし汁 ————— 1カップ
しょうゆ
　——— 小さじ2 ⌉1
みりん ——— 小さじ2 ⌋1

下準備

● 切り干し大根は水でよくもみ洗いし、絞らずにざるに上げてそのまま4〜5分おき、3cm長さに切る。
● にんじんは細切りにする。
● 油揚げは細めの短冊切りにする。

作り方

1 鍋に油を熱し、切り干し大根、にんじんを中火で炒める。だし汁、油揚げを加え、5〜10分煮る。

2 しょうゆ、みりんを加え、落とし蓋をして汁けがなくなるまで弱火で10分ほど煮る。

食材変え　油揚げ ➡ 豚こま切れ肉／あさりの水煮缶（缶汁ごと）　p123にも

しょうゆ ‥ みりん ＋ 練りがらし

小松菜の
からしあえ

おひたしの漬け地に
からしを溶くだけでOK

材料(2人分)

小松菜 ·························· 1束
練りがらし ······ 小さじ½〜1
だし汁 ·················· 小さじ1
しょうゆ ············· **小さじ2** ⎤ 1
みりん ··············· **小さじ2** ⎦ 1

下準備

●小松菜は3cm長さに切る。

作り方

1. 鍋に湯を沸かし、小松菜の軸を入れ、再び煮立ったら葉も加えてゆでる。冷水にとり、水けを絞る。

2. 練りがらしをだし汁で溶きのばし、しょうゆ、みりんを加えて混ぜる。❶の水けをもう一度絞って加え、あえる。

食材変え 小松菜 ➡ 菜の花／チンゲン菜 p123にも

しょうゆ ∴ みりん

甘じょっぱい
煮ものの味つけは
この1:1で

かぼちゃと牛肉のうま煮

材料(2人分)

かぼちゃ ―――――― 1/4個(300g)
牛切り落とし肉 ―――――― 100g
しょうゆ ――――― **大さじ1** ⎤ 1
みりん ――――― **大さじ1** ⎦ 1
だし汁 ――――――――― 1カップ

下準備

● かぼちゃはラップで包み、電子
レンジで6分ほど加熱し、冷め
たらひと口大に切る。
● 牛肉はひと口大に切る。

作り方

1 小鍋に牛肉、しょうゆ、みりん
を入れてもみ込む。中火にかけ
て肉の色が変わるまで炒め、だ
し汁を加える。

2 かぼちゃを加え、5分ほど煮る。
火を止め、人肌まで冷まして味
をなじませる。

120 食材変え 牛切り落とし肉 → 豚切り落とし肉　かぼちゃ → じゃがいも/さといも

にんじんの カレーきんぴら

カレー粉を足すと、甘辛い味に変化がつきます

材料(2人分)

にんじん	1本
ツナ缶（油漬け）	1缶
カレー粉	小さじ½
しょうゆ	**小さじ2** ⌉ 1
みりん	**小さじ2** ⌋ 1

下準備

● にんじんは、スライサーで細く切る。

作り方

1 フライパンにツナを缶汁ごと入れ、にんじん、カレー粉を加え、混ぜ合わせる。中火にかけ、香りが出るまで炒める。

2 しょうゆ、みりんを加え、弱めの中火で汁けがなくなるまで炒める。

食材変え にんじん ➡ えのきたけ／パプリカ／ピーマン

なめたけ

材料（作りやすい分量）

えのきたけ ………………………… 2袋
しょうゆ ………… **大さじ1½** 1
みりん ……………… **大さじ1½** 1
だし汁 ……………………………… ¼カップ

> 常備菜として
> ごはんのおともに
> 便利です

下準備

● えのきたけは2cm長さに切り、ほぐす。

😊 えのきたけの根元のほうは、まな板に立てて置き、格子状に細かく包丁を入れるとほぐしやすいですよ。

作り方

鍋にすべての材料を入れて中火にかけ、煮立ったら弱火で10分煮る。

食材プラス ➕ 焼きのり／しょうが／ごま油 　p123にも

食材変え・プラス・アレンジのアイデア

変える ➡ プラスする ➕
アレンジする ↻

アドバイス

p117	野菜の 揚げびたし	➡かぼちゃ&なす&オクラ→グリーンアスパラガス／生しいたけ／エリンギ／みょうが/れんこん／ごぼう／さつまいも	😊揚げるものに決まりはありません。天ぷらにしておいしい食材ならば、揚げびたしにもOKです。れんこんやごぼう、さつまいもを使えば、秋の揚げびたしになりますね。こんなふうに季節の野菜を揚げてみてください。
p118	切り干し 大根の煮もの	➕干ししいたけ／細ねぎ ↻溶き卵に加えて卵焼きにする	
p119	小松菜の からしあえ	➕油揚げ／蒸し鶏／ほたて貝柱／えび／あさり	😊油揚げは、グリルで香ばしく焼いてからあえてください。ほたては刺身用のものをさっと湯通しして加えましょう。えびは片栗粉少々で洗って、酒蒸してから加えます。酒蒸しは、フライパンにえびと酒大さじ2〜3を入れ、蓋をして1〜2分加熱。そのまま冷めるまでおいて、殻をむきましょう。
p122	なめたけ	➡えのきたけ→なめこ ↻豆腐にかける／卵焼きに加える／ゆでたほうれん草とあえる	

こっくりとした味の甘みそです

みそ　　　　砂糖

1 : 1

- しょっぱくて甘い、いわゆる甘みそ。

- 液体が入らないので、おもに、ぬったり、かけたりに。

- 煮汁など、水分で溶きのばして使う方法もあります。
  ただし、みそは長く煮ると香りが飛ぶので、
  2回に分けて入れましょう。
  2回目は、仕上げに入れて香りを生かします。

甘じょっぱくて
コクのある
味つけです

さばのレンジみそ煮

材料(2人分)

さば(切り身) … 2切れ(150g)
| しょうゆ ………… 大さじ1
| しょうが汁 ………… 少々
長ねぎ ……………………… 10cm
しめじ ……………… ½パック
A | みそ ……… 大さじ2 ⌉1
　| 砂糖 ……… 大さじ2 ⌋1
しょうが ………………… 1片

下準備

- さばは皮に切り目を入れ、しょうゆとしょうが汁をかけて10分おき、汁けをきる。
- 長ねぎは1cm幅の斜め切りにする。
- しめじは小房に分ける。
- Aは混ぜ合わせる。
- しょうがはごく細いせん切りにして水にさらす(針しょうが)。

作り方

耐熱の盛りつけ皿2枚にさば、長ねぎ、しめじを等分に盛り、Aをかける。ラップをふんわりとかぶせ、1皿につき2分半加熱する。針しょうがをのせる。

食材変え　さば ➡ あじ／さんま　長ねぎ&しめじ ➡ ししとう／玉ねぎ

白あえ

材料(2人分)

絹ごし豆腐	1/4丁(80g)
ブロッコリー	小1/2株(100g)
すりごま(白)	大さじ1強
みそ	**大さじ1** ⎤1
砂糖	**大さじ1** ⎦1

下準備

● 新聞紙にペーパータオルを重ね、豆腐をくずして広げる。新聞紙ごと二つ折りにし、10分ほどおいて水けをよくきる。
● ブロッコリーは小房に分け、軸は皮を厚くむいて乱切りにする。

作り方

1 鍋に湯を沸かして、ブロッコリーをゆで、ざるに上げて冷ます。

2 豆腐、ごま、みそ、砂糖を合わせ、なめらかになるまで混ぜて衣を作る。ブロッコリーを加えてあえる。

> 濃いめの味の
> あえ衣。だから野菜の
> 下味はなしでOK

食材変え ブロッコリー → さやえんどう/ほうれん草/菜の花 p133にも

ごまも同量だから、1:1:1でわかりやすい！

さといものともあえ

材料(2人分)

さといも
………… 5〜6個(300g)
いりごま (白) …… 大さじ1強
みそ ……………… **大さじ1** ⎤ 1
砂糖 ……………… **大さじ1** ⎦ 1
いりごま (白。飾り用)
………………………… 少々

作り方

1 さといもは洗って耐熱容器に入れ、ラップをかぶせて電子レンジで6分ほど加熱し、熱いうちに皮をむく。

2 フードプロセッサーにごまを入れ、撹拌してすりごまを作る。みそ、砂糖、さといもの⅓量を加え、もう一度なめらかになるまで撹拌し、衣を作る。
😊 ポリ袋にさといもを入れて細かくつぶし、すりごま、みそ、砂糖を加えてよくもんでも作れます。マッシャーでつぶしてもいいですよ。

3 残りのさといもを1cm幅の半月切りにし、❷に加えてあえる。器に盛り、飾り用のごまをふる。

😊 あえ衣にしっかり味をつけて、さといもには味をつけないやり方は、p126の白あえと同じ。3代にわたって作り続けている、我が家ならではの味です。

127

こっくりとした
味つけの
みそ味煮ものです

牛肉とごぼうの煮もの

材料(2人分)

牛切り落とし肉 ·············· 100g
ごぼう ···························· 100g
みそ ················· **大さじ1⅓** ⎫ 1
砂糖 ················· **大さじ1⅓** ⎬ 1

下準備

● 牛肉はひと口大に切り、みそ
と砂糖の半量をからめる。
● ごぼうは、太めのささがきに
する。

作り方

① 鍋にごぼうを入れ、水(材料外)を
ひたひたに加えて中火で5〜6分
煮る。みそ、砂糖の半量を加え、
5〜6分煮る。

② ①の煮汁が少なくなったら牛肉を
加えて混ぜ、強火で鍋をゆすりな
がら煮からめる。

　ごぼうと牛肉は火の通り時間が違う
ので、時間差で入れるのがコツ。1:1の
甘みそをからめた牛肉をあとから入れる
ことで、みその風味も残ります。

　食材変え　牛切り落とし肉 ➡ 豚切り落とし肉　ごぼう ➡ れんこん　p133にも

さわらのみそマヨ焼き

材料(2人分)

さわら(切り身) ……… 2切れ
| しょうゆ ……… 小さじ2
生しいたけ ……… 4枚
A | みそ …… 小さじ4] 1
　| 砂糖 …… 小さじ4] 1
　| マヨネーズ … 小さじ4

下準備

- さわらは、しょうゆをふって5分おく。
- しいたけは軸を切る。
- Aは混ぜ合わせる。

作り方

オーブントースターの天板にアルミ箔を敷き、さわらを並べ、Aを塗る(しいたけ用に少し残す)。Aの残りをしいたけの傘の裏に塗り、天板の空いているところにのせる。オーブントースターで10分ほど焼く。

みそと相性のよいマヨネーズも同量で覚えやすい!

食材変え さわら ➡ 生鮭／たい／鶏むね肉　 p133にも

ズッキーニの みそチーズグラタン

材料（2人分）

ズッキーニ ……………………… 1本
ミニトマト ……………………… 8個
みそ ……………………… **大さじ1** ⎤ 1
砂糖 ……………………… **大さじ1** ⎦ ‥ 1
牛乳 ……………………………… 大さじ1
ピザ用チーズ ………………… 50g

下準備

● ズッキーニは5mm幅の輪切り
　にする。
● ミニトマトは半分に切る。

作り方

1 耐熱容器にズッキーニを並べ、
　ミニトマトをところどころに
　散らす。

2 みそと砂糖を混ぜ、牛乳を加
　えて溶きのばし、❶にかける。
　全体にチーズをかけて、オー
　ブントースターで10分ほど
　焼く。

甘みそはグラタンの
ソースとしても
使えます

食材変え ズッキーニ ➡ なす／生しいたけ／厚揚げ／アボカド＆えび p133にも

レタスの肉みそのせ

> 牛乳入りの
> 肉みそは、まろやかで
> コクがあります

材料（作りやすい分量）

豚ひき肉 ……………………… 100g
玉ねぎ ……………………………… ½個
にんにく ……………………………… 1片
赤唐辛子 …………………………… 1本
サラダ油 ………………………… 大さじ1
みそ …………………… **大さじ2** ⎱ 1
砂糖 …………………… **大さじ2** ⎰ 1
牛乳 …………………………… ½カップ
レタス ……………………………… ½個

下準備

- ●玉ねぎはみじん切りにする。
- ●にんにくはみじん切りにする。
- ●赤唐辛子は種を取る。

作り方

1 フライパンに油、玉ねぎ、にんにくを入れて中火で透き通るまで炒める。ひき肉を加え、色が変わるまで炒める。みそ、砂糖を加えて炒め、牛乳を加えて混ぜる。

2 赤唐辛子加え、混ぜながら弱火で10分ほど煮る。
😊 肉みそは冷蔵庫で1週間ほど保存ができます。

3 器にレタス、2を盛り合わせる。レタスに肉みそをのせて、包んで食べる。

食材変え レタス ➡ 温野菜／豆腐／うどん p133にも

みそ田楽

> 加熱して
> 水分を飛ばすと
> 練りみそが作れます

材料(2人分)

大根 ················ 8cm (250g)
こんにゃく ············ ½枚
だし昆布 ············· 10cm
みそ ········ **大さじ3** ⎤ 1
砂糖 ········ **大さじ3** ⎦ 1
水 ··················· 大さじ3

下準備

● 大根は2cm厚さに切り、
  十文字の切り目を厚み
  の半分まで入れる。
● こんにゃくは4つに切
  り、ゆでてアクを抜く。

作り方

1. 鍋に大根、たっぷりの水、昆布、米大さ
   じ1(材料外)を入れて火にかける。煮立
   ったら弱火にし、大根がやわらかくなる
   まで30分ほど煮る。
   😊 耐熱容器に入れ、ラップをかぶせて電子レン
   ジで加熱しても。100gにつき3分が目安です。

2. みそと砂糖を混ぜ、材料の水を加えて溶
   きのばし、ラップをせずに電子レンジで
   2分加熱する。取り出してひと混ぜし、
   さらに2分加熱して練りみそを作る。

3. 器に大根とこんにゃくを盛り、練りみそ
   をかける。

食材プラス ➕ 練りみそにゆずのすりおろし／しょうがのすりおろし ／p133にも

みそ **1** : 砂糖 **1** おかずの

食材変え・プラス・アレンジのアイデア

変える ➡ プラスする ✚
アレンジする ↻

アドバイス

p126	白あえ	➡ブロッコリー→なす/グリーンアスパラガス/にんじん&こんにゃく/春菊&にんじん/ほうれん草&こんにゃく	😊なすは電子レンジで蒸しなすにして衣とあえます。にんじんは電子レンジで加熱し、こんにゃくはアク抜きしてからいりを。いずれも、下味はつけないのが我が家流です。
p128	牛肉とごぼうの煮もの	✚にんじん ↻ごはんに混ぜる	😊ごはんと混ぜるときに、生の春菊を細かく刻んだものをいっしょに入れると、よりおいしいです。
p129	さわらのみそマヨ焼き	➡さわら→かじき 生しいたけ→パプリカ/ズッキーニ/じゃがいも/玉ねぎ/みょうが ✚みそマヨにすりごま/青のり	😊つけ合わせの野菜は何でもよいので、好みのものを添えてください。じゃがいもなら、あらかじめ電子レンジで加熱をしてから焼きましょう。
p130	ズッキーニのみそチーズグラタン	➡ズッキーニ&ミニトマト→えび&トマト/アボカド&鶏むね肉/かぼちゃ	😊かぼちゃは電子レンジで加熱してから使ってください。なす&ズッキーニ&厚揚げなんていうのもおいしいです。
p131	レタスの肉みそのせ	➡レタス→グリーンアスパラガス/スナップえんどう ↻肉みそをごはんにのせる/きゅうりやレタスといっしょにパンにはさむ/オムレツの具にする	
p132	みそ田楽	➡大根&こんにゃく→豆腐/厚揚げ/さといも ✚練りみそにすりごま/青のり/粉山椒/木の芽/七味唐辛子	😊さといもは皮つきのまま電子レンジで加熱しましょう。厚揚げはトースターで焼くと香ばしくておいしいです。

133

酸味がおだやかな合わせ酢です

酢　　　　　みりん

1 : 1

- 酢のツーンとしたとがりをみりんがやわらげた、まろやかな味。

- 甘さは控えめなので、素材の味が生きます。

- 酢のものには、この割合が合います。

酢のものは、酢と
みりんが同量。これで
迷わず作れます

きゅうりとわかめの
酢のもの

材料(2人分)

きゅうり ……………………… 1本
| 塩 ………………………… 小さじ⅓
わかめ(戻したもの) ……… 40g
青じそ ……………………… 5枚
ちりめんじゃこ …… 大さじ1
酢 ………………… **小さじ2** ⌉
みりん ……………… **小さじ2** ⌋ 1
塩 ………………… ひとつまみ

下準備

● きゅうりは小口切りにし、塩をまぶし
てしんなりするまでおく。
● わかめはざく切りにする。
● 青じそはせん切りにする。

作り方

1 酢、みりん、塩を混ぜ合わせ、ちり
めんじゃこを加えてしばらくおく。

2 きゅうりの水けを絞って加え、わか
め、青じそも加えてあえる。

食材変え　きゅうり＆わかめ ➡ かぶ／大根＆にんじん／もやし　p141にも

さっぱり味の甘酢おろし。かけたりあえたりに使えます

揚げ鮭の甘酢おろしのせ

材料(2人分)

生鮭(切り身) ……………… 2切れ
| 塩 …………………………… 小さじ1/4
| しょうが汁 ………………… 少々
大根 …………………………… 7cm(200g)
片栗粉 ………………………… 大さじ1
揚げ油 ………………………… 適量
酢 …………………………… **大さじ1** ⎤ 1
みりん ……………………… **大さじ1** ⎦ 1
塩 ……………………………… 小さじ1/4
細ねぎ(小口切り) …………… 適量

下準備

● 鮭は骨を取り除き、1切れを3つに切り、塩、しょうが汁をからめる。
● 大根はすりおろし、ざるに上げて水けをきる。

作り方

1 鮭の水けをふき、片栗粉をまぶして余分をはたく。揚げ油を180℃に熱し、鮭を2〜3分揚げる。

2 大根おろしに酢、みりん、塩を加えて混ぜる。

3 器に鮭を盛り、2をのせ、細ねぎを散らす。

😊 全部をあえてもOK。別の味わいが楽しめます。

食材変え 生鮭 ➡ 甘塩鮭／鶏むね肉 p141にも

チキンマリネ

油を足すと
まろやかな酸味の
マリネ液に

材料(2人分)

鶏もも肉 ································ 1枚(250g)
| 塩 ································· 小さじ½
| こしょう ··························· 少々
| 酒(または白ワイン) ····· 大さじ1
玉ねぎ ······························ 小½個
セロリ ································ ½本
にんにく ····························· 1片
A | 酢 ····················· 大さじ1 ⌉1
 | みりん ············· 大さじ1 ⌋1
 | オリーブ油 ··········· 大さじ1
 | 塩 ···················· 小さじ¼
サニーレタス ··························· 適量

下準備

● 玉ねぎは繊維を断つ方向に薄切りにする。
● セロリは筋を取り、薄切りにする。
● にんにくは薄切りにする。

作り方

1 耐熱容器に鶏肉を入れて、塩、こしょうをふり、にんにくをのせる。酒をかけてラップをかぶせ、電子レンジで5分ほど加熱する。ラップをかぶせたまま人肌まで冷ます。

2 Aを混ぜ合わせてマリネ液を作り、玉ねぎを加えて混ぜる。

3 鶏肉を食べやすく切り、汁ごと**2**に加えて混ぜ、セロリも加えて混ぜ合わせる。冷蔵庫で冷やす。
😊 マリネしたものは、4〜5日保存可能ですよ。

4 器にサニーレタスを敷いて、**3**を盛る。

食材変え&プラス 酢 ➡ レモン汁 ➕ にんじん／マリネ液に粒マスタード

酢
‥
みりん

もやしのナムル

あえものに便利な
甘酢。にんにくで
風味づけを

材料(2人分)

もやし ……………………………… 1袋
｜塩、こしょう …………………… 各少々
A｜酢 …………………………… **大さじ1**
　｜みりん ……………………… **大さじ1**
　｜塩 ……………………………… 小さじ1/4
　｜しょうゆ ……………………… 少々
　｜にんにく(みじん切り) ……… 少々
焼きのり(全形) …………………… 1枚
いりごま(白) …………………… 大さじ1
ごま油 …………………………… 小さじ2

下準備

●もやしはひげ根を取る。
●大きめなボウルにAを混ぜる。
●のりは小さくちぎる。

作り方

1 耐熱容器にもやしを入れ、塩、
　こしょうをふる。ラップをかぶ
　せて電子レンジで2分加熱し、
　ざるに広げて冷ます。

2 Aにもやしを加えて混ぜ、のり、
　ごま、ごま油を加えてあえる。

食材変え もやし ➡ 大根／切り干し大根

三つ葉とまいたけの わさび酢あえ

甘酢にわさびを
加えると味の変化が
楽しめます

材料（2人分）

三つ葉	1束
まいたけ	1パック
しょうゆ	少々
かに風味かまぼこ	2本
わさび	小さじ1
酢	**小さじ2** ┐1
みりん	**小さじ2** ┘1
塩	ひとつまみ

下準備

● まいたけは食べやすい大きさに ほぐす。

● かに風味かまぼこは斜め半分に 切り、粗くほぐす。

作り方

1 三つ葉は2つに折り曲げてラッ プで包み、電子レンジで1分加 熱する。ラップを取って冷まし、 3cm長さに切り、水けを絞る。

2 フライパンを熱し、まいたけを 中火で焼き色がつくまで焼き、 しょうゆをからめる。

3 わさびに酢を少しずつ加えて溶 きのばし、みりん、塩を加えて 混ぜる。❶、❷、かに風味かま ぼこを加えてあえる。

食材変え 三つ葉 ➡ せり／クレソン　まいたけ ➡ 生しいたけ

酢
…
みりん

1:1をじゃがいもの
下味に。これで
おいしさアップ！

和風ポテトサラダ

材料（2人分）

じゃがいも …… 2個（300g）
｜ 塩 …………………… 小さじ¼
酢 …………………… **小さじ2** ⎤ 1
みりん …………… **小さじ2** ⎦ 1
きゅうり ………………… 1本
｜ 塩 …………………… 小さじ⅓
みょうが ………………… 2個
青じそ …………………… 10枚
ツナ缶（水煮）………… 1缶
ヨーグルト（無糖）、
　マヨネーズ … 各大さじ2

下準備

● きゅうりは小口切りにし、塩をまぶして
しんなりするまでおき、水けを絞る。
● みょうがは小口切りにする。
● 青じそは飾り用に2枚残し、残りをせん
切りにする。

作り方

1 じゃがいもは皮ごとラップで包み、電
子レンジで6分加熱する。皮をむいて
厚めのいちょう切りにし、熱いうちに、
塩、酢、みりんを加えて下味をつけ、
冷ます。

2 1にきゅうり、みょうが、せん切りに
した青じそ、ツナ（缶汁ごと）、ヨーグ
ルト、マヨネーズを加えてあえる。器
に飾り用の青じそを敷いて盛る。

食材変え＆プラス ツナ缶（水煮）➡ ツナ缶（油漬け）➕ らっきょう／かりかり梅

酢 **1** ：みりん **1** と 酢 **1** ：砂糖 **1** おかずの

食材変え・プラス・アレンジのアイデア

		変える ➔ プラスする ➕ アレンジする ↻	アドバイス
p135	きゅうりと わかめの 酢のもの	➔ きゅうり＆わかめ→セロリ/カリフラワー ➕ ゆでだこ/ちくわ/桜えび/木の芽/青じそ/みょうが/しょうが/ゆずの皮	☺ 春なら木の芽を、夏なら青じそやみょうがを、冬ならゆずの皮をというように、季節によって香りのものを足すと、季節の風味が楽しめる酢のものになりますね。
p136	揚げ鮭の 甘酢おろし のせ	↻ 甘酢おろしをハンバーグにかける/焼き魚にかける甘酢おろしにきゅうりやトマトの角切りを加える(夏に)/りんごの角切りや、ゆずやみかんの皮を加える(冬に)	☺ 甘酢おろしにきゅうりやトマトを加えたものは、それだけでおかずの一品としてもいいですね。
p143	野菜の 甘酢漬け	➔ きゅうり＆大根＆にんじん→うど(春に)/みょうが(夏に)/長いも/エリンギ/長ねぎ/れんこん/ごぼう/カリフラワー ↻ 肉巻き(p28)の芯にする/刻んですしめしに混ぜる/タルタルソースに混ぜる/残った甘酢をめんつゆで割ってめんのつけ汁にする	☺ 残った半端野菜は何でも漬けてOK。冷蔵庫の整理にもなりますよ。保存がききますし、季節の野菜を漬ければ、年中楽しめます。お弁当にも役立つおかずで、花などの抜き型で抜いてから漬けるとかわいいです。

141

作りおきおかずに便利な割合

酢　　　砂糖

1 : **1**

● 酸味だけでなく甘みもしっかり感じる甘酢です。

● 同量の砂糖が入ることで、保存性が増します。

● しょうがの甘酢漬け、らっきょう漬けなど
保存食にも使える割合です。

野菜の甘酢漬け

使いみちが広く、
日持ちもする
優秀おかずです

材料（作りやすい分量）

きゅうり、大根、にんじん ⋯⋯ 計300g
しょうが ⋯⋯⋯⋯⋯⋯⋯⋯⋯⋯⋯ 2片
酢 ⋯⋯⋯⋯⋯⋯⋯⋯⋯⋯⋯ ½**カップ** ⎤ 1
砂糖 ⋯⋯⋯⋯⋯⋯⋯⋯⋯⋯ ½**カップ** ⎦ 1
水 ⋯⋯⋯⋯⋯⋯⋯⋯⋯⋯⋯⋯ ½カップ
塩 ⋯⋯⋯⋯⋯⋯⋯⋯⋯⋯⋯⋯⋯ 小さじ1

下準備

● きゅうり、大根、にんじんは棒状に
切る。
● しょうがは薄切りにする。

作り方

ステンレス（またはホーロー）
の鍋に酢、砂糖、塩、材料の
水、しょうが、にんじんを入
れて火にかける。煮立ったら
大根を加え、ひと煮立ちした
らきゅうりを加え、火を止め
る。そのまま冷ます。

😊 野菜は火の通りにくいものから
順に、時間差で入れましょう。か
ためにゆでるのがおすすめ。冷蔵
庫で1か月保存可能です。

食材変え 大根＆にんじん＆きゅうり ➡ セロリ／パプリカ／かぶ　p141にも

143

ケチャップ　　中濃ソース

1 : 1

- ケチャップベースの甘みのある味。

- ケチャップも中濃ソースもそれだけで
  味が完成しているので、合わせることで
  より複雑な味になります。

- 洋風料理に幅広く使えます。ソース、煮込み料理、
  パスタやごはんの味つけなどに。

万人に愛される
甘酸っぱい味

ポークソテー きのこソース

材料(2人分)

豚ロース肉(1cm厚さ) ··········· 2枚
｜ 塩、こしょう ··········· 各少々
玉ねぎ ··········· 1/2個
きのこ(好みのもの2〜3種) ······ 計150g
にんにく ··········· 1片
オリーブ油 ··········· 大さじ1
薄力粉 ··········· 適量
白ワイン ··········· 大さじ2
トマトケチャップ ······ **大さじ1½** ］1
中濃ソース ··········· **大さじ1½** ］1
パセリ(みじん切り) ··········· 適量

下準備

● 豚肉は筋切りし、握りこぶしで叩い
　てやわらかくし、元の形に戻して塩、
　こしょうをふる。
● 玉ねぎは5mm幅の薄切りにする。
● きのこは石づきを取って食べやすく
　ほぐすなどの下処理をする。
● にんにくは薄切りにする。

作り方

1. フライパンにオリーブ油、にんにくを入れて中火で炒め、香りが出たら豚肉に薄力粉を薄くまぶして入れ、強めの中火で両面をこんがりと焼く。

2. 白ワインを加え、蓋をして中火で2〜3分蒸し焼きにし、器に盛る。

3. ❷のフライパンに玉ねぎときのこを入れ、しんなりするまで炒める。ケチャップとソースを加え、2〜3分煮る。豚肉にかけ、パセリをふる。

食材変え 豚ロース肉 ➡ 鶏もも肉／サーモン／かじき　p155にも

145

ハンバーグソースは
この黄金比を
覚えましょう

ハンバーグ

材料(2人分)

あいびき肉	200g
玉ねぎ	¼個(50g)
サラダ油	小さじ1

A
パン粉	大さじ4
溶き卵	½個分
トマトケチャップ	**小さじ1** 1
中濃ソース	**小さじ1** 1
こしょう、ナツメグ	各少々

ソース
赤ワイン	大さじ2
トマトケチャップ	**大さじ1** 1
中濃ソース	**大さじ1** 1

つけ合わせ
スナップえんどう	6個
ミニトマト	6個
サラダ油	小さじ1
塩、こしょう	各少々

下準備

- 玉ねぎはみじん切りにする。
- スナップえんどうは筋を取り、斜め半分に切る。

作り方

❶ 耐熱容器に玉ねぎを入れて油をかけ、ラップをかぶせずに電子レンジで1分半加熱し、冷ます。

❷ ひき肉に❶、Aを加え、粘りが出るまで練る。手にサラダ油少々(材料外)を塗り、肉だねを2等分にして、空気を抜きながらそれぞれ楕円形にととのえる。

❸ つけあわせを作る。フライパンに油を熱し、スナップえんどうとミニトマトを中火でさっと炒め、水大さじ1(材料外)を加えて蓋をし、1分ほど蒸し焼きにする。塩、こしょうをふり、取り出す。

❹ ❸のフライパンを熱し、❷を並べ入れ、蓋をして中火で3分焼く。返して再び蓋をし、弱めの中火で5〜6分焼く。火を止め、蓋をしたまま5分蒸らし、器に盛る。

❺ ❹のフライパンにソースの材料を入れて中火で煮立て、ハンバーグにかける。❸を添える。

食材プラス ➕ ソースに粒マスタード／マッシュルーム p155にも

ケチャップの甘みが
どこか懐かしい
おかずにも

ポークケチャップマリネ

材料（2人分）

豚薄切り肉	200g
玉ねぎ	1/2個
A トマトケチャップ	大さじ3
中濃ソース	大さじ3
サラダ油	大さじ1 1/2
レタス	2〜3枚

下準備

- 豚肉はひと口大に切る。
- 玉ねぎは繊維を断つ方向に薄切りにする。
- レタスは1cm幅の細切りにする。

作り方

1. Aを混ぜ、玉ねぎを加えて混ぜ合わせる。

2. 鍋にたっぷりの湯を沸かして火を止め、豚肉を入れて菜箸で手早くほぐす。肉の色が変わったらざるに上げ、熱いうちに❶に加えて混ぜ、冷ます。

   ☺ 作ってすぐは玉ねぎが辛いので、すぐに食べたいときは豚肉といっしょに玉ねぎをさっとゆでましょう。

3. 器にレタスを敷き、❷を盛る。

   ☺ 3代にわたり作り続けている、我が家の定番おかずです。すぐに作れて、冷蔵庫で1週間保存もできますよ。

食材変え 豚薄切り肉 ➡ 牛薄切り肉／いか／ツナ缶 p155にも

鶏肉とズッキーニ のトマト煮

味が決まりにくい
トマト煮の味つけも
これで安心

材料(2人分)

鶏もも肉 ……………………… 1枚
　塩 …………… 小さじ½弱
　こしょう …………… 少々
玉ねぎ ……………………… ½個
ズッキーニ ………………… 1本
トマト (完熟) ……………… 1個
オリーブ油 ………… 大さじ1
薄力粉 ………………… 大さじ1
トマトケチャップ
　………………………… **大さじ2** ⎫ 1
中濃ソース ‥‥ **大さじ2** ⎭ 1
白ワイン ……………… 大さじ2

下準備

● 鶏肉はひと口大に切り、塩、こしょうを
　ふる。
● 玉ねぎはくし形切りにする。
● ズッキーニは2cm幅の輪切りにする。
● トマトは横半分に切る。

作り方

1 フライパンにオリーブ油を熱し、鶏肉
　に薄力粉を薄くまぶして入れ、こんが
　りと焼き色がつくまで中火で焼く。

2 玉ねぎ、ズッキーニ、ケチャップ、ソー
　スを加え、ひと混ぜする。トマトの
　切り口を下にして加え、白ワインをふ
　り、蓋をして弱めの中火で10分ほど
　蒸し煮にする。

3 トマトの皮を取り除き、へらでトマト
　を4つくらいに割り、ひと混ぜする。

食材変え ズッキーニ ➡ なす／ピーマン／オクラ p155にも

あれこれ入れずとも、
ケチャップ＆ソースで
十分の奥深さ！

煮込みミートボール

材料(2人分)

あいびき肉 ······················· 200g
玉ねぎ ································· 1個
ハム ··································· 2枚
サラダ油 ······················ 大さじ1½
A | パン粉 ······················ 大さじ3
　 | 牛乳 ························· 大さじ2
　 | 薄力粉 ······················ 大さじ2
　 | 塩 ························· 小さじ¼
　 | こしょう、ナツメグ … 各少々
赤ワイン ····················· ¼カップ
トマトジュース(食塩無添加)
··································· 1カップ
水 ···························· ¼カップ
ローリエ ····························· 1枚
トマトケチャップ · **大さじ1**⌉ 1
中濃ソース ············ **大さじ1**⌋ 1
マッシュポテト
　 | じゃがいも ·········· 1個(150g)
　 | 牛乳 ························· 大さじ4
　 | バター ······················ 大さじ½
　 | 塩、こしょう、ナツメグ
　 | ···························· 各少々

下準備

● 玉ねぎはみじん切りにする。
● ハムはみじん切りにする。

作り方

1. フライパンに玉ねぎを入れて油をまぶし、強めの中火にかける。ときどき混ぜながら炒め、しんなりしたら¼量を取り出し、冷ましておく。残りはきつね色になるまで炒める。

2. ひき肉に❶の冷ましておいた玉ねぎ、ハム、Aを加えて、粘りが出るまで練り、ひと口大に丸める。

3. ❶のフライパンに赤ワイン、トマトジュース、材料の水、ローリエを加えて混ぜ、中火にかける。煮立ったら弱火にし、❷を加え、蓋をして中火で10分煮る。ケチャップとソースを加えて混ぜ、2〜3分煮る。

4. マッシュポテトを作る。じゃがいもは皮ごとラップで包み、電子レンジで3分加熱する。皮をむいて熱いうちにつぶし、残りの材料を加えて混ぜる。もう一度電子レンジで2分加熱し、混ぜる。

5. 器に❸を盛り、❹を添えて粗びき黒こしょう(材料外)をふる。

食材プラス ➕ ❸で煮るときにきのこ(マッシュルーム、しめじ、エリンギなど)

ハッシュドビーフ

> ケチャップと
> ソースで味が決まる
> から簡単です

材料(2人分)

牛切り落とし肉 ………… 200g
　塩 ………………… 小さじ⅓
　こしょう ………………… 少々
　薄力粉 ………… 大さじ1½
玉ねぎ ………………………… 1個
マッシュルーム ……… 5〜6個
にんにく …………………… 1片
サラダ油 ………………… 大さじ1
赤ワイン ………………… 大さじ4
A　水 …………………… ½カップ
　トマトケチャップ
　　　　　　　　　大さじ3
　中濃ソース
　　　　　　　　　大さじ3

パセリライス
　ごはん(温かいもの)
　　　　　　　… 300〜400g
　バター ………………… 大さじ1
　塩、こしょう ………… 各少々
　パセリ(みじん切り) …… 適量

下準備

● 牛肉は食べやすい大きさに切り、ポリ袋に入れ、塩、こしょう、薄力粉をまぶす。
● 玉ねぎは1cm幅に切る。
● マッシュルームは半分に切る。
● にんにくはみじん切りにする。

作り方

1 フライパンに油を熱し、牛肉をほぐしながら中火で炒め、焼き色がしっかりついたら取り出す。

2 ❶のフライパンに玉ねぎを入れ、強火で色づくまで炒める。マッシュルーム、にんにく、❶、赤ワインを加え、蓋をして30秒ほど蒸し焼きにし、Aを加えて強めの中火で3〜4分煮る。

3 パセリライスを作る。ごはんにバター、塩、こしょう、パセリを加えて混ぜる。

4 器に❸を盛り、❷をかける。

食材変え 牛切り落とし肉 ➡ 豚切り落とし肉 　p155にも

ナポリタン

> おなじみの洋食は
> この割合で
> かんぺきです！

材料(2人分)

スパゲッティ ……………………… 200g
ベーコン ………………………… 2〜3枚
玉ねぎ …………………………………… ½個
マッシュルーム ……………… 5〜6個
ピーマン ………………………………… 2個
サラダ油 ………………………… 大さじ½
白ワイン ……………………………… 大さじ2
トマトケチャップ ……… **大さじ4** ⎤ 1
中濃ソース ………………… **大さじ4** ⎦ 1
塩、こしょう ………………………… 各少々
粉チーズ ……………………………………… 適量

下準備

- ●ベーコンは1cm幅に切る。
- ●玉ねぎは薄切りにする。
- ●マッシュルームは薄切りにする。
- ●ピーマンは繊維を断つ方向に、
  5mm幅に切る。

作り方

1 鍋に湯2ℓを沸かし、塩大さじ1強（20g。材料外）を加え、スパゲッティを袋の表示時間通りにゆで、ざるに上げる。

2 フライパンに油、ベーコン、玉ねぎを入れ、中火で玉ねぎが透き通るまで炒める。マッシュルーム、白ワインを加え、蓋をして1〜2分蒸し煮にする。ピーマン、ケチャップ、ソースを加え、炒め合わせる。

3 スパゲッティを加えて混ぜ、塩、こしょうで味をととのえる。器に盛り、粉チーズをふる。

食材変え スパゲッティ → ショートパスタ　ベーコン → ハム／ソーセージ

ピーマンの肉詰め

> ケチャ＆ソースは
> 肉だねの下味
> にも使えます

材料(2人分)

あいびき肉		150g
ピーマン		3個
A	玉ねぎ	¼個
	パン粉	大さじ3
	牛乳	大さじ2
	片栗粉	大さじ1
	トマトケチャップ	**大さじ1**
	中濃ソース	**大さじ1**
B	**トマトケチャップ**	**大さじ1**
	中濃ソース	**大さじ1**
ピザ用チーズ		40〜50g

下準備

● ピーマンは縦半分に切り(種は取らない)、くぼみの中央に1cm長さほどの切り目を1本入れる。
● 玉ねぎはみじん切りにする。
● Bは混ぜ合わせる。

作り方

1. ひき肉にAを加えて粘りが出るまで練る。

2. ピーマンに❶を等分に詰める。
   😊 ピーマンの種が肉だねのひっかかりとなり、焼き縮んではがれるのを防ぎます。

3. フライパンに❷を肉の面を上にして並べ、Bを塗って、チーズをのせる。蓋をし、弱めの中火で5〜6分蒸し焼きにし、弱火でさらに4〜5分加熱する。

154 食材変え ピーマン ➡ なす／れんこん

食材変え・プラス・アレンジのアイデア

		変える ➡ プラスする ➕ アレンジする ↻	アドバイス
p145	ポークソテー きのこソース	↻ マッシュポテト(p151)ときのこソースを交互に重ねてチーズをかけて焼く／きのこソースをオムレツにかける／ハンバーグにかける／パンにのせてチーズをかけて焼く	
p146	ハンバーグ	➡ スナップえんどう&ミニトマト→フライドポテト／マッシュポテト／さつまいもの素揚げ／グリーンアスパラガス／ブロッコリー	😊 フライドポテトやさつまいもの素揚げは、包丁で切って揚げてもいいですが、電子レンジで丸ごと加熱したあと手で割って揚げるのもおすすめ。切り口がでこぼこだから、揚げるとざくざくしておいしいんですよ！
p148	ポーク ケチャップ マリネ	↻ パンにはさむ／パスタの具にする／ごはんにかける	😊 パンにはさむアレンジは我が家の大定番です。パンは何でもいいですが、我が家はトーストにレタスといっしょにはさむことが多いです。
p149	鶏肉と ズッキーニの トマト煮	➡ ズッキーニ→かぼちゃ／さやいんげん／グリーンアスパラガス／スナップえんどう　トマト→トマトジュース ➕ パプリカ	😊 トマト1個の代わりにトマトジュースを使うときは、¾カップを入れてください。
p152	ハッシュド ビーフ	➡ パセリライス→ショートパスタ ➕ じゃがいも／にんじん ↻ マッシュポテト(p151)とハッシュドビーフを交互に重ねてチーズをかけて焼く	😊 じゃがいもやにんじんは、電子レンジで加熱してから加えてください。

食材×料理ジャンル別索引

著者
堀江ひろ子
ほりえさわこ

ともに料理研究家、栄養士。料理研究家の草分け的存在であった故・泰子さんから3代続く料理一家。NHK『きょうの料理』をはじめ、TVや雑誌などで多方面に活躍中。母のひろ子さんは、長年の経験を生かした家庭料理全般が得意。身近な食材を使った作りやすいレシピで、これぞ家庭料理というおいしさが評判。娘のさわこさんはイタリアや韓国での料理修行経験を生かした料理も多い。受け継がれた味と、新感覚の味の両方を兼ね備えた料理を今に伝えている。それぞれで活躍するかたわら、共著も多く、おもなものに『ちょこっと仕込みで時短ごはん』『100歳まで元気でボケない食事術』(ともに主婦の友社)がある。

料理アシスタント
山崎順子、並木麻美子

撮影
鈴木正美

スタイリング
しのざきたかこ

デザイン
蓮尾真沙子 (tri)

イラスト
德永明子

校正
村上理恵

編集
荒巻洋子

おいしい味つけ
1:1:1の便利帖

著　者　堀江ひろ子　ほりえさわこ
発行者　池田士文
印刷所　図書印刷株式会社
製本所　図書印刷株式会社
発行所　株式会社池田書店
　　　　〒162-0851　東京都新宿区弁天町43番地
　　　　電話03-3267-6821 (代)
　　　　振替00120-9-60072

ISBN978-4-262-13050-7

20000006